売上最小化、利益最大化の法則

利益率29%経営の秘密

木下勝寿
北の達人コーポレーション代表取締役社長

ダイヤモンド社

はじめに

年商100億円で利益1000万円のA社。

年商1億円で利益1000万円のB社。


あなたは、どちらの会社を経営したいだろう？


利益はどちらも1000万円だが、A社の売上はB社に比べ100倍。だから、売上重視の人はA社を好むかもしれない。

だが、見方を変えれば、A社のほうが100倍仕事をしている。100倍苦労しているとも言える。

最終利益が同じなら、労力100分の1で効率よく利益を上げたB社のほうがいい。

売上100倍は手間も100倍。

経営していれば常にトラブルが起こるが、トラブルは売上に比例して多くなる。

利益が同じなら、売上が大きいほうがリスクは高い。


経営における最大の目的は利益を上げること。

利益は会社がどれだけ社会に役立っているかを示す。

利益から税金が支払われ、国のために使われる。

利益があれば会社経営は安定し、トラブルに襲われてもつぶれない。


経営者の最大の使命は「永続的経営」に力を尽くすこと。

何事にも動じない盤石な会社をつくること。

そのためには、できるだけトラブルやリスクを軽減する経営に努める。

景気は必ず好不況を繰り返す。災害、感染症などのアクシデントに見舞われる可能性も高い。

だからこそ不況を前提にした企業づくりが必要だ。

経営者は、たとえ売上ゼロになっても、全社員に給料を払い、家賃を払い、毎日安心して働ける環境をつくる。身の丈を超えた大きな投資をする前に、何があっても社員を守る財務状況をつくるべきだ。

私が経営する「北の達人コーポレーション」は売上約１００億円、営業利益約29億円（２０２０年２月期）。営業利益29億円の会社は珍しくないが、業界内では「営業利益率29％はかなり高い」と言われる。

実際、日本のｅコマース専業上場企業の中では、２０２１年２月期はやや落ち込んだものの、営業利益率は依然トップだ。

また、利益率の高さは、「商品の原価率が低いせいではないか」「社員の給料が安いためではないか」と言われることがある。しかし、原価率は業界標準の**2〜3倍**かけており、新卒初任給は**日本で2番目（2021年実績）の高さ**だ（日本経済新聞「初任給ランキング２０２１」）。

私は創業以来、利益重視の経営をしてきた。

２０００年に、当時住んでいた大阪の自宅マンションで、北海道特産品のネット通販「北海道・しーおー・じぇいぴー」をスタート。軌道に乗った２００２年に北海道に渡り、「株式会社北海道・シーオー・ジェイピー」を設立（２００９年に株式会社「北の達人コーポレーション」に商号変更）。現在は、のちに立ち上げた健康食品、化粧品の自社ブランド「北の快適工房」のネット販売が主業務となっており、東京、札幌、台湾、韓国に拠点を置いている。

本書では、手元資金1万円からスタートした事業が、売上100億円、利益29億円となった秘密、高利益体質になったノウハウを初めて公開する。

私の考えはシンプルだ。利益につながらない業務はやめる、もしくは変える。

そのためには、会社の全活動が利益につながっているかを把握する必要がある。

それが「**5段階利益管理**」という独自の手法だ。私は20年間、毎月、5段階利益管理表を見ながら業務改善を行い、強い会社をつくってきた。

本書の構成は**図表1**のとおりだ。

机上の空論ではなく、具体的なノウハウを紹介するので、うまく取り入れれば、あなたの会社は高利益体質に変わる。どんな業種でも、拠点が大都市でも地方でも、実践可能だ。この本には44の図表があるが、図表は文章の補足ではなく、図表そのものに単独の解説が入っているので図表部分を飛ばさずにしっかり読み込んでほしい。そうすることで面白さが倍増することを保証する。

第1章では、**なぜ売上より利益が大切か**を説明する。

新型コロナ禍で事業継続の難しさを多くの人が実感しているだろう。当社も大きなダメージを受けた。

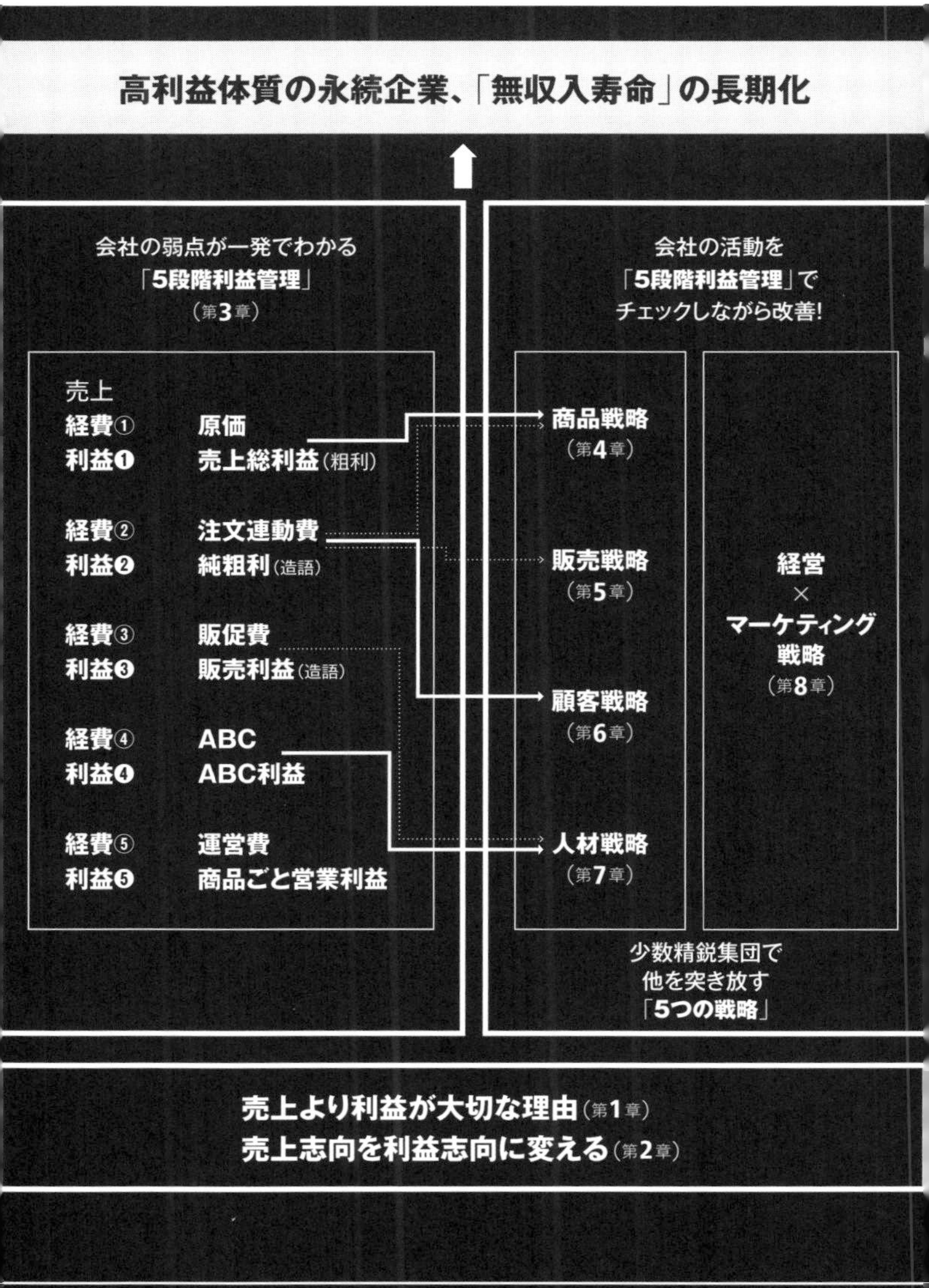
高利益体質の永続企業、「無収入寿命」の長期化
会社の弱点が一発でわかる
「5段階利益管理」
（第3章）
売上
経費① 原価
利益❶ 売上総利益（粗利）
経費② 注文連動費
利益❷ 純粗利（造語）
経費③ 販促費
利益❸ 販売利益（造語）
経費④ ABC
利益❹ ABC利益
経費⑤ 運営費
利益❺ 商品ごと営業利益
会社の活動を
「5段階利益管理」で
チェックしながら改善!
商品戦略
（第4章）
販売戦略
（第5章）
顧客戦略
（第6章）
人材戦略
（第7章）
経営
×
マーケティング
戦略
（第8章）
少数精鋭集団で
他を突き放す
「5つの戦略」
売上より利益が大切な理由（第1章）
売上志向を利益志向に変える（第2章）

当社はそうした事態に備え、**「無収入寿命」**をのばす戦略を取ってきた。無収入寿命とは、売上ゼロになっても経営の現状維持ができる期間を指す。減給などのコスト削減なしで全従業員の雇用を維持し、家賃を支払い、その間に会社を立て直す。ここでは、**売上ゼロでも生き残れる「無収入寿命」のつかみ方**を紹介する。

第2章では、**売上OSが利益OSに変わる! 売上最小化、利益最大化の法則**に触れる。売上はコストをかければ簡単に上がる。100億円の売上を上げたいなら大量に広告を打てばいい。しかし、変化の激しい時代、先行投資期に売上が上がっても、回収期には市場が変わって利益が回収できないことはよくある。だからこそ売上と利益をセットで管理する経営方式を採用しなくてはならない。よって、今回のようなコロナ禍にも負けない盤石経営のために、**「売上を下げることで利益を増やす」**という経営手法も紹介する。さらに、会社を利益体質にするには、社員が利益志向でなくてはならない。そこで私自身が社員に行っている研修「何のために利益を出すのか」を実況中継する。

第3章では、**会社の弱点が一発でわかる「5段階利益管理」**について解説する。

私のセミナーで5段階利益管理を知った人は、

「利益に貢献している商品、していない商品がはっきりした」

「事業部ごとに5段階利益管理をやった結果、どの事業部がうまくいっているかがわかった」

「それまでコストをひとまとめに考えていたので、目からウロコだった」

と興奮ぎみに語ってくれる。

コストには、利益に貢献するコストと貢献しないコストがある。隠れたコストをあぶり出し、無駄なコストを低減させ、利益率を高くしていく。

第4章では、**小さい市場で圧勝する商品戦略**を紹介する。

年々、高品質商品でロングセラーを狙うビジネスモデルが主流になってきているが、当社の定期購入（サブスクリプション）による売上比率は**約7割**。これが利益を生み出す源泉になっている。

第5章では、**利益率29％を実現する販売戦略**に触れる。

販促費をかければ売上は上がる。だが、かけすぎると利益は減る。そこで「CPO

（Cost Per Order：一件受注するのにかかるコスト）をマネジメントする方法」をお伝えする。さらに、**売上を半減させ、利益を1・5倍、利益率を3倍にする方法**を解説する。

第6章では、**ファンの心をつかんで離さない「演歌の戦略」（顧客戦略）**を紹介する。「モノが売れる」と「モノが売れ続ける」とは違う。

商品に興味のある人だけにアプローチし、一度買っていただいたお客様とは一生おつき合いする**「演歌の戦略」**を初めて公開する。

第7章では、**未経験者でも利益を上げ続ける人材戦略**に触れる。

未経験者や新入社員を即戦力化する業務体制のつくり方、組織全体にコスト意識が芽生える「たった一つの方法」について紹介する。

これまで多くの人から受けた質問、

「なぜ、そんな小さな会社が時価総額1000億円もあるのか」

「なぜ、若い社員がイキイキと働いているのか」

などにも、きっちり答えるつもりだ。

第8章（終章）では、**売上1000億・利益300億円を実現する戦略**を紹介する。
私は社長業とマーケティング責任者を兼務している。経営直結型のマーケティングを行い、マーケティング数字はすべて経営数字に直結する。圧倒的なデータ量、各ウェブ広告メディアのアルゴリズム、ユーザー状況を徹底分析することで、商品開発と効果的な広告宣伝が両輪となり、これまで高収益を上げてきた。

本書は私にとって初の著書となる。
この本を読んだ人が1円でも多く利益を増やし、1円でも多く納税することでこの国の発展につながることを願って書いた。そのために、当社が高収益を上げる秘密を、出し惜しみすることなく公開することを、ここに約束する。

2021年6月

北の達人コーポレーション　代表取締役社長　木下勝寿《きのしたかつひさ》

『売上最小化、利益最大化の法則——利益率29％経営の秘密』目次

第3章 会社の弱点が一発でわかる「5段階利益管理」——101

第5章 利益率29%を実現する販売戦略――169

第6章 ファンの心をつかんで離さない「演歌の戦略」

2

日本を代表する次世代のグローバルメーカーとなる 316

第1章

売上ゼロでも生き残れる「無収入寿命」という考え方

1

何事にも動じない盤石な会社に生まれ変わる

■不況とは無縁の経営を行う3つの方法

2020年4月7日、新型コロナウイルスの感染拡大を受け、安倍晋三首相（当時）は、東京、神奈川、埼玉、千葉、大阪、兵庫、福岡の7都府県に緊急事態宣言を発令した（4月16日に全国に対象拡大）。

小池百合子都知事は、休業要請の詳細を発表し、ナイトクラブやカラオケボックスなど幅広い業種に、休業や営業時間の短縮を求めた。

多くの会社が新型コロナによって苦しみ、倒れ始めていた。

2020年4月11日、私は、ツイッターに長めのツイートをした（一部趣旨を変えずに改変）。

「今回の不況が今までと違うのは消費市場で起きているということ。

過去の不況を振り返ると、80～90年代のバブル崩壊は土地への過剰投資、ITバブルの崩壊はITへの過剰投資、リーマンショックはサブプライムローンへの過剰投資、いずれも投資市場から起きた。

経済活動は、本来B to C（企業と消費者の取引）の消費市場が基本だ。消費市場を支えるためにB to B（企業間の取引）という投資市場が存在する。

世の中は消費市場だけでも成り立つが、投資市場だけでは成り立たない。

しかし、経済の仕組み上、消費市場とかけ離れて、投資市場だけが先行して成長することがある。これが実態を伴わない経済発生の原理だ。投資市場の価格が上がりすぎて、消費市場価格が『高すぎて買えない価格』になった段階でバブルに突入する。

それが続くと景気は上昇し、あるときに我に返ったように一気に落ち込む。過去の土地バブル、ITバブル、サブプライムローンの崩壊は、このパターンだった。

だから予測できる。投資市場はあくまで消費市場の補完市場であり、投資市場で上がりすぎた価格は、消費市場の実需の価格にまで落ちて完結する。

私は23歳のときに、このパターンに気づいた。そのためバブル的な経済不況とは無縁のまま事業を行うことができた。

具体的に不況を避ける方法は3つある。

①消費市場で事業を行う

②投資市場へ投資を行う場合、投資市場の相場で考えない。消費市場に落とし込んで計算し、割高か割安かを判断する（たとえば、広告への投資の際、『他社相場のCPOはこれくらい。もっと出すべきです』などという意見には一切耳を貸さない。自分たちで適正価格を計算し、投資の有無を判断する→第5章で具体的なノウハウを紹介）

③借入に頼らず、手元資金で事業を行う（投資市場の崩壊は巡り巡って、消費市場で事業を行う会社に影響を与える。銀行から借入しにくくなる。投資市場は10年に一回崩壊する。それを想定し『借入しないと回らない』事業は行わない）

自分も含め人間は愚かだ。

同じ失敗を繰り返す。

だからこそ経済は失敗を繰り返すことを前提に、会社を経営しなければならない。今回のコロナ不況はこれまでと違い『消費市場』で起きた。『消費者がモノやサービスを買わない（買えない）』ことで経済が回らなくなった。

前述した不況対策の①と②は機能しなかった。しかし、③については、万能の不況対策であると痛感した。

光明はある。消費者の実需が『消失』したわけではない。『停滞』しているだけだ。必ず復活するし、復活したときには反動で大きくなるかもしれない。それがいつになるかはわからないが、耐えた企業は復活時にひとり勝ちする。

手元資金がある会社はすでに勝ち組路線にいる。手元資金がない会社は手元資金がある会社の傘下に入ることで勝ち組路線に入るのも一手だ。そしてそこで『勝ち組』のやり方を学ぶことだ。

なんとか耐え、借入に頼らず、自分の手元資金で回せるビジネスモデルを再構築することが大事だ。

どんな手を使ってでも生き抜こう。

そしてこの不況から学び、乗りきることで何事にも動じない盤石な会社、そして自分に生まれ変わるのだ」

以上が私のツイートだった。

このツイートが大反響を巻き起こし、取材や講演依頼が殺到した。

■売上ゼロでも現状維持できる「無収入寿命」とは

経営者の最大の使命は会社をつぶさないこと。

企業は期間限定のものではない。将来にわたって事業を継続し、発展していく。これが「継続企業の前提（ゴーイングコンサーン＝Going Concern）」と呼ばれる考え方だ。

前述のようにコロナショックはこれまでの不況と違い、B to C市場から起きた。特殊なケースだが、商品が売れなくなるリスクは常にある。

私はそうした事態に常に備えてきた。

それは**「無収入寿命」を長くする**ことだ。

無収入寿命とは、売上ゼロになっても経営の現状維持ができる期間を指す私の造語だ。

現状維持とは、減給などのコスト削減なしで全従業員の雇用を維持し、家賃の支払いができること。

無収入寿命は、簡単に言うと、借金などを差し引いた純粋な手元資金で、家賃や給料などの月額固定費を、何か月分賄《まかな》えるかということだ（詳しい計算方法は後述）。

世の中の景気が悪くなったとき、社員から「社長、うちの会社、大丈夫ですか」と聞かれることがある。そのとき私は、

「1円の入金がなくても、24か月は全社員の給料を払えます。家賃も払えます。その間に新規事業を軌道に乗せましょう」

と即答する。

そのために無収入寿命を正確に把握し、少しずつ無収入寿命をのばしていく。

■「無収入寿命」をのばす4つの考え方

では、どうしたら無収入寿命をのばすことができるか。答えは次の4つだ。

1 無収入寿命を何か月にするか目標を決める

目標の目安になるのは、事業の立て直しにかかる期間。会社が何らかの理由で売上ゼロになったとき、何か月あれば立て直せるか。

売上ゼロになった理由にもよるが、現在の事業が継続不能になったら、別の新規事業を立ち上げることになる。想定する事業規模が小さければ短期間で復活できるが、大きければ長期間かかる。

このように**何か月で立て直せるか**を考え、無収入寿命の目標を決める。

当社の場合、**「無収入寿命は24か月」**と決めている。

2 月次決算時に無収入寿命を算出する

当社の場合、**管理会計指標に「無収入寿命」という項目**がある。これを**月次決算時に、幹部社員と共有**している。

たとえば、月額固定費1000万円の会社が、無収入寿命の目標を「12か月」と定めたとする。

必要な純手元資金は1億2000万円だが、月次決算の結果、純手元資金は5000万円であることがわかった。つまり、目標値に対し7000万円の不足だ。これを幹部社員と共有し、純手元資金を増やす方法、すなわち利益を貯める方法を考えるのだ。

3　純手元資金の目標額が貯まるまで、大きな投資をせずにコツコツ貯める

多くの経営者は手元資金が少ないのにもかかわらず、次の投資に踏みきる。そのため、純手元資金が貯まらない。

まずはコツコツ貯める。売上を上げようとして、利益につながらない投資をするのが一番まずい。第3章では、利益につながらない投資が一目でわかる「5段階利益管理」を紹介する。

4　純手元資金の目標額が貯まったら、安心してチャレンジする

経営者は、純手元資金のある・なしで、チャレンジするときの精神状態が変わる。

会社の血液（お金）が日々借金で回っている社長は、常に落ち着かない。私は「売上ゼロになっても24か月は大丈夫」と無収入寿命を軸に経営しているので、常に精神状態は安定している。

■松下式「ダム経営」と「無収入寿命」の関係

無収入寿命の考え方は、家計を預かる人の立場で考えたら、当たり前のことだろう。

働き手が何らかの理由で失業してしまった。突然、会社がつぶれてしまった。

こうしたアクシデントに備え、生活費を貯めているだろう。

4人家族の平均的な1か月分の生活費を家賃込で40万円程度とした場合、預貯金が400万円あれば、無収入寿命は「10か月」となる。預貯金がほとんどない状態（無収入寿命が1か月など）なら、借金してまで住宅や自動車を買わないだろう。

だが、会社では平気でそれをやる。

多くの経営者は「売上を上げるには投資が必要」と思い込み、手元資金がないのに銀行などから借入をして設備投資をする。

家計では絶対やらないのに、経営でやってしまうのは、「経営にはカネがかかる」「投資が必要」という思い込みがあるからかもしれない。

また、多くの経営者は、在庫などの棚卸資産の適正処分ができない。

棚卸資産があると、損益計算書（P／L）上は儲かっているように見える。儲かっているように見せないと、銀行から融資が受けられない。

そもそも銀行から借入しようと思わなければ、そうする必要もない。

悪循環なのだ。

手元資金がないのに借金して投資するのは、はたして「永続的経営」なのだろうか。

無収入寿命をのばすという考え方は、パナソニックの創業者・松下幸之助氏が言う「ダム経営」と同じだ。松下氏はある講演でこう語った。

「好景気だからといって、流れのままに経営するのではなく、景気が悪くなるときに備えて資金を蓄える。**ダムが水を貯め、流量を安定させるような経営**をすべきだ」（1965年2月の講演）

聴衆の一人が、

「ダム経営の大切さはわかるが、そのやり方がわからないから困っているんですよ」

と尋ねた。松下氏は、

「まず、ダムをつくろうと思わんとあきまへんなあ」

と答えた。聴衆は落胆したり、顔を見合わせて苦笑したりした。

しかし、「これをやったから松下は大企業になったのだ」と気づき、実践した人がいた。

京セラ、第二電電（ＫＤＤＩ）を創業し、日本航空の経営を再建した、あの稲盛和夫氏だった。

■無収入寿命を正確に算出する

正確な無収入寿命は、貸借対照表（B／S）があれば、簡単に計算できる。一度エクセルなどで計算表をつくり、経理担当者が数字を入れれば、自動的に正確な数字が算出できる。無収入寿命の算出式は、次のようになる。

無収入寿命＝純手元資金÷月額固定費（図表2の左側）

まず、「純手元資金」とは、**純粋な手元資金と長期負債**だ。

貸借対照表は大きく3つに分かれている。「資産の部」「負債の部」「純資産の部」だ。

ここで注意すべきことは、貸借対照表の「流動資産」のトップにある**「現金預金」には借金も含まれているので、純粋な「手元資金」＝「純手元資金」とは言えない**ということだ。

また、「純資産」にも土地、建物など、すぐに現金化できない**固定資産**が含まれるので、「純手元資金」とは言えない。

商品在庫などの**棚卸資産**も売上が止まればすぐには現金化できない。

買掛金、短期借入金などの**流動負債**は返済義務がある。

よって固定資産、棚卸資産、流動負債も「純手元資金」とは言えない。

したがって「純手元資金」とは、「総資産」から「固定資産」「棚卸資産」「流動負債」の3つを引いたものとなる。

純手元資金＝「総資産」－「固定資産」－「棚卸資産」－「流動負債」（図表2の**右側**）

この「純手元資金」を、家賃、人件費、光熱費など売上ゼロでも毎月必ずかかるコストである「月額固定費」で割ると、無収入寿命が算出できる。

図表3の左側を見てほしい。

総資産（総資本）が5億6000万円の会社があったとする。

ここから固定資産（土地、建物、機械）3億6000万円、棚卸資産（在庫）3000万円、流動負債（買掛金、支払手形、短期借入金）7000万円を引く（**図表3の右側**）。

「純手元資金」の算出方法

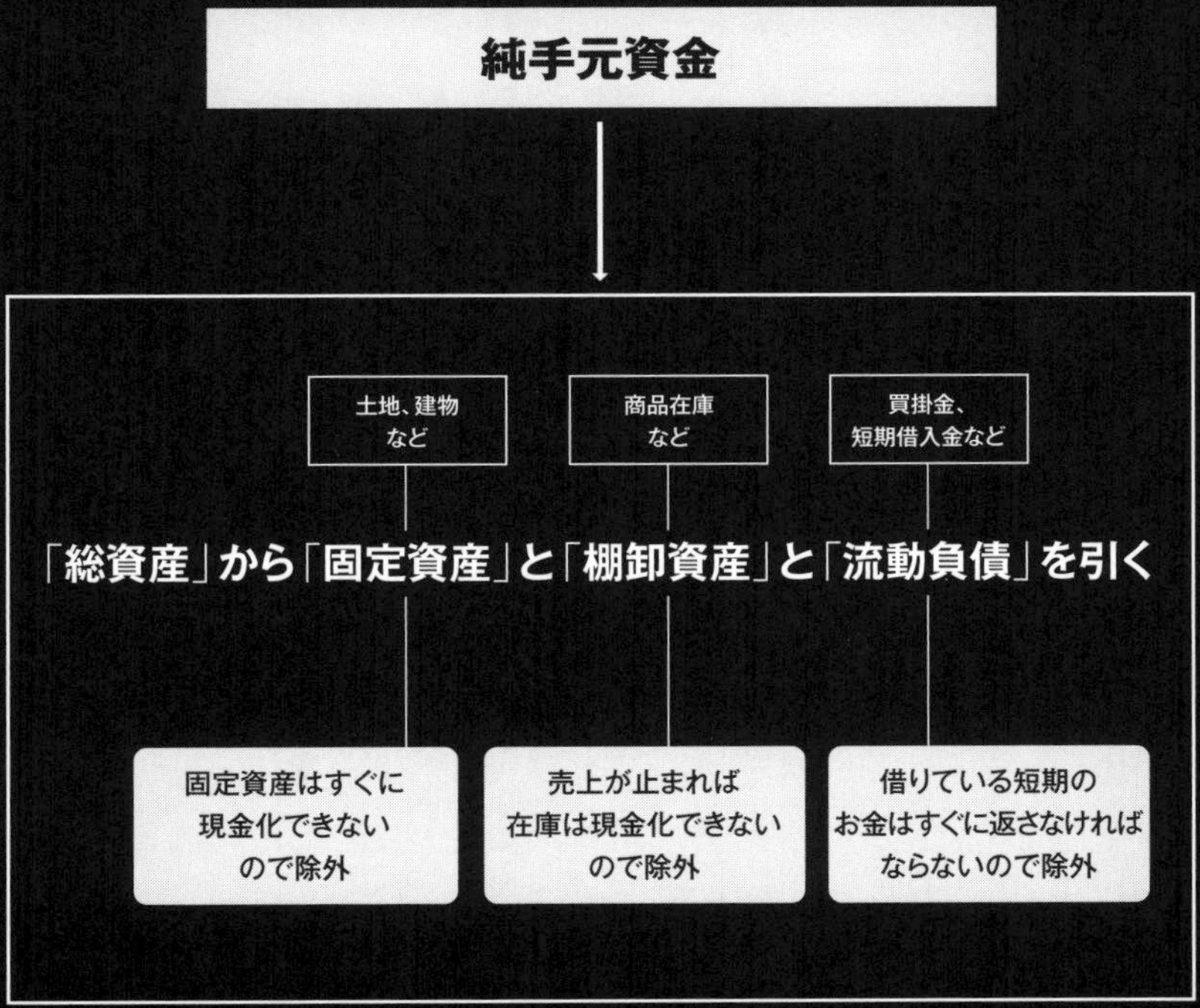

純手元資金
土地、建物
など
商品在庫
など
買掛金、
短期借入金など
「総資産」から「固定資産」と「棚卸資産」と「流動負債」を引く
固定資産はすぐに
現金化できない
ので除外
売上が止まれば
在庫は現金化できない
ので除外
借りている短期の
お金はすぐに返さなければ
ならないので除外

「無収入寿命」とは？

「現金預金」には借金も含まれているので、純粋な「手元資金」とは言えない

「純資産」には現金化できない固定資産も含まれているので、純粋な「手元資金」とは言えない

返すものがない純粋な
手元資金
（＋長期負債）

↑

純手元資金

無収入寿命 ＝ **純手元資金** ／ **月額固定費**

↓

家賃、人件費、光熱費など
売上ゼロでも
必ずかかるコスト

↓

「純手元資金」を
「月額固定費」で
割ったもの

（万円）

総資産			総資本		
流動資産	現金預金	10,000	流動負債	買掛金	−2,000
	受取手形	2,000		支払手形	−3,000
	売掛金	3,000		短期借入金	−2,000
	有価証券	2,000	固定負債	長期借入金	20,000
	棚卸資産	−3,000		社債	1,000
固定資産	土地	−20,000	資産	資本金	5,000
	建物	−15,000		資本準備金	5,000
	機械	−1,000		利益剰余金	18,000
56,000			56,000		

「総資産」－「固定資産」－「棚卸資産」－「流動負債」
56,000 － 36,000 － 3,000 － 7,000

＝

「純手元資金」
10,000

月額固定費が1,000だとすると、「無収入寿命」は「10か月」

(万円)

総資産			総資本		
流動資産	現金預金	10,000	流動負債	買掛金	2,000
	受取手形	2,000		支払手形	3,000
	売掛金	3,000		短期借入金	2,000
	有価証券	2,000	固定負債	長期借入金	20,000
	棚卸資産	3,000		社債	1,000
固定資産	土地	20,000	資産	資本金	5,000
	建物	15,000		資本準備金	5,000
	機械	1,000		利益剰余金	18,000
56,000			56,000		

「純手元資金」

＝

「総資産」－「固定資産」－「棚卸資産」－「流動負債」

総資産5億6000万円－固定資産3億6000万円－棚卸資産3000万円－流動負債7000万円＝純手元資金「1億円」


よって純手元資金は1億円だとわかる。

次に月額固定費はどうだろう。

月額固定費とは**家賃、人件費、光熱費など、売上ゼロでも毎月必ずかかるコスト**。

この会社の月額固定費が1000万円とすると、

純手元資金1億円÷月額固定費1000万円＝無収入寿命「10か月」


この結果、無収入寿命は**10か月**となった。

もし不況になり、社員から「うちの会社、大丈夫ですか?」と聞かれたら、「売上ゼロでも10か月間は全社員の給料は払える。家賃も払える。その間に対策を打とう」と答えられる。

■無収入寿命目標を達成する裏技

ある会社の月額固定費は1000万円、無収入寿命の目標は24か月だった。

よって必要な純手元資金は2億4000万円だが、現在の純手元資金は1億円で、目標まであと1億4000万円足りない。

そのためには会社を利益体質に変え、利益をプールしていくのが王道だ。

ただ、このとき目標を達成する裏技が一つある。

それは残りの1億4000万円を銀行から**「長期借入金」**で借りること。そして大事なのは**決して使わない**ことだ。

これから少しずつお話しするが、私は創業以来、手元資金だけで経営を行ってきた。銀行借入は基本的にしていない。

だが、一回だけ銀行借入をしたことがある。

これは、目標とする無収入寿命を達成させるためだった。

当社の目標「無収入寿命24か月」に達していない時期に3億円を借り入れ、目標を達成した。これにより純手元資金を増やし、そのままプールした。そして毎月の利益をそのまま返済に充てた。現在では返済も終え、すべて自己資金で無収入寿命24か月を維持している。

先ほどの会社の例で言えば、利益を積み上げて1億4000万円を貯めるのがベストだ。

しかし、貯まるまでには時間がかかる。目標との差額である1億4000万円を、毎月利益を500万円ずつ貯めても28か月もかかる。となると、28か月間、ずっと不安な日々を送ることになる。

そこで1億4000万円を借り入れ、一時的に目標を達成する。そして毎月500万円ずつ利益から返し、28か月後に、この1億4000万円を自己資本に入れ替える。

これなら仮に28か月経過する前にアクシデントが発生しても、手元には無収入寿命を維持する資金がある。もちろん借入には金利がかかるが、「安心代」と思えば安いものだ。

それほど私にとって、無収入寿命目標を達成させる優先順位は高い。だからこそ、当社の管理会計指標に入っているのだ。

売上ゼロになっても、社員に給料を払い、家賃を払い、毎日安心して働ける状況を保つのは経営者の責務。身の丈を超えた大きな投資をする前に、何があっても社員を守り抜く財務状況をつくる必要がある。

無収入寿命について経営者に話を聞くと、「1か月分しかない」と言う人がいる。それでは売上ゼロになったら、即、つぶれてしまう。

経営にアクシデントはつきもの。自社の過失だけでなく、災害や感染症の影響を受けることもある。無収入寿命の目標を達成していれば、経営者の精神的な安定度合がまったく違ってくるのだ。

私は無収入寿命という考え方を創業1年目から持っていた。

現金ベースで経営していると、手元資金がないと、すぐにつぶれる。もちろん、創業当初はなかなか利益が上がらず、手元資金はわずかだった。それでも松下氏が言うように「**ダムをつくろう**」と意識し、手元資金を少しずつ増やしていた。

企業財務のアナリストの中には、『北の達人』は現金預金が多い。M&Aで他社を買収するのではないか」と思っていた人がいたが、「無収入寿命のため」とわかり、驚いていた。

ある銀行の営業マンから、

「御社の貸借対照表を見ると、現金預金がプールされていますね」

「剰余金がずいぶんありますね」

などと指摘されることがある。その後に、

「現金預金がたくさんあるのは新しい方向性を模索していない証拠です」

「もっとお金を活かさなくてはなりません。こちらの証券を購入しませんか」

「新しい会社を買ったらどうですか」

「もっと設備投資をしましょう。つきましてはこんな物件がありまして……」

などとある意味、「上昇志向もどき」の提案をしてくる。だからこそ、多くの経営者は売上志向になり、「現金預金がたまっているのは悪」のように感じるのだろう。

経営者の立場から言えば、会社のピンチを救うのは現金預金しかない。キャッシュがあれば、赤字になったときに備え、どんなトラブルやアクシデントにも対処できる。設備投資が必要なときにも現金で買える。

借金までして大型の設備投資をしたら、会社のアクシデント耐性が劇的に下がることを意識しておく必要がある。

2

手持ち資金ゼロからの出発

■中3の公民の授業で習った会社のつくり方

子どもの頃から経営者になることに憧れていた。

小学校低学年の頃、テレビアニメ『巨人の星』を見て、「花形満《はながたみつる》が金持ちなのは父親が自動車会社の社長だからだ」と知った。

だが当時は「社長になれるのは社長の子ども」、あるいは「会社に就職し出世すること」だと思っていた。

中3のとき、公民の授業で「会社は資本と労働力があれば誰でもつくれるので、自分で会社をつくって社長になるという方法がある」ことを知った。

衝撃だった。

帰宅して父にそのことを話した。当然ながら父は知っていた。私は「誰だって社長になりたいはず」と思い込んでいたので、知っているのに会社をつくっていない父は、「いつかつくろうと思いながら行動に移さなかったのだろう」と思った（実際は父にはそのような志向はなかった）。

「人はやろうと思いながら、やらなくなってしまうものだ。夏休みの宿題もいつかやろうと思いながら最終日になってしまう。やろうと思ったときに行動を始めなければダメなんだ」という意識が、そのときに芽生えた。

大学生になって本気でビジネスがしたいと思い、起業意識の高いメンバーが多くいた「株式会社リョーマ」という関西の学生企業に入った。

坂本龍馬へのリスペクトから名前を拝借したリョーマは、サークル情報や合宿免許情報を紹介する「サークルカタログ」で有名だった。

だが、それは仕事の一部で、私は大手広告代理店から回ってくる案件の企画書や提案書を作成していた。毎日スーツを着て出社し、そこから授業に行き、終わったら再び会社に戻る生活をしていた。

当時、リョーマには20～30人の大学生がいた。現在、そのほとんどが経営者になっており、うち半分くらいは上場企業の経営者だ。定期的に同窓会があり、そのたびによい刺激をもらっている。

リョーマ出身者には、大学を卒業したら自分で起業するか、株式会社リクルートなどの起業家輩出企業で修業した後に起業を目指すという2つの流れがあった。

私は一般企業で修業したいと考え、リクルートを選んだ。

当時はまだネットが普及していなかったが、近い将来デジタル化の波がきて、マルチメディアで世界中がつながることを想像していた。これからはコンテンツ事業と通販事業がのびると考えていて、どちらの道に進むべきか思案し、リクルートでコンテンツビジネスを学ぶ道を選んだ。

■ネット通販で起業した3つの理由

リクルートに入社して5年経った頃、ネットが急速に普及し始めた。よし！　起業のタイミングがきたと思った。

私が最終的に、ネット通販を選択した理由は3つある。

1　ネットビジネスであること

インターネットの登場は、まさに明治維新級の革命だった。バーチャル空間ができ、世の中の仕組みがリセットされる。のし上がるには、まさに絶好のビジネスチャンスだと感じた。

2　B to Cであること

B to Cを選んだ理由は、景気の影響を受けにくいことだった。

リクルートでB to Bの営業をやっていたとき、「B to Bで動くのは、消費ではなく投資のお金」だと思った。

企業が求人広告を出すのはなぜか。新たに人を採用し、その人材によってさらに儲けるため、つまり投資だ。投資のお金は不況時には回らない。どんなにすぐれた求人媒体をつくってもニーズがなければ売れない。

B to Bは景気の波をもろに受ける。リクルートはバブル崩壊で、巨額の借金を抱え、ダイエーに買収された。

当時のダイエーは「セービング」というプライベートブランド（PB）をヒットさせていた。B to Bではリターンが計算できないと投資しないが、B to Cでは「よいものさえつくれば売れる」ので景気の波を受けにくい。

3　物販であること

同じB to Cでも、ネット上で完結するコンテンツビジネスか、物販かという選択肢があったが後者にした。

創業当初の2000年頃は、ネットの利用が法律で規制される可能性もゼロではなかった。

また、技術が一変する可能性もあった。その影響を受けないよう、マネタイズ部分はモノを介在させるほうが安全だと思った。これなら急激な環境変化があっても、新聞やカタログなど他のメディア通販に置き換えることが可能だ。

■なぜ、北海道の特産品を扱ったのか

こうして2000年、北海道の特産品のネット通販である「北海道・しーおー・じ

ぇいぴー」を大阪の自宅で立ち上げた（現在は他社へ事業譲渡）。

神戸生まれ、神戸育ちの私が、北海道の特産品を取り扱うことにした理由は3つある。

一つは純粋に「北海道が好きだ」ということ。人気ドラマ『北の国から』の影響で、それまで20回くらい北海道を旅行していた。北海道に関わる仕事なら一生続けられると思った。

もう一つは、北海道の特産品は他の都府県のそれに比べて圧倒的に強いことだ。カニ、ウニ、メロン、イクラ、トウモロコシ、ジンギスカン、ハム、チーズ、ソーセージ、ラーメンなど種類も豊富。他都府県の全特産品数より北海道の特産品のほうが多い。

アマゾン創業者のジェフ・ベゾスは取扱商品をいろいろ検討した結果、最終的に書籍をメインにした。私も何かに特化しないといけないと考え、北海道の特産品を選んだ。

そしてもう一つは、アジアでの知名度が高いということだ。将来的に海外に進出するにあたって北海道のイメージは、圧倒的な強みになると思った。

■資本金1万円、PC1台でスタート

資本金1万円で合資会社をつくり、パソコン1台をフル回転させ、取引先を探した。

北海道の100社に個別に電話したが、「ネットでモノを買う人なんかいない」「実績のない会社には売れない」と、ほぼ門前払いだった。

当時はネット通販の成功例がなく、ネットで月に100万円売れたら「成功者」として本が書ける時代だった。

そんな中、奇跡的にアポが取れたので北海道に行って一社一社回り、「私は絶対成功します。なぜなら成功するまでやめないからです」と宣言した。結果、4社から卸してもらえることになった。

カニ、ハム・ソーセージ、乳製品、かまぼこなどの会社だった。

まず、自分で通販サイトをつくった。お客様から注文をもらい、それを提携先にFAXでオーダーして、商品をお客様に直送してもらう。お客様からの入金後に各社に支払う。先入金なので資金がいらない。

この方法だと資金ゼロからでもスタートできた。

１年経つと月商１００万円になった。しかし、いろいろな経費がかかる。最初の２年間は、自分自身は給料ゼロで実家暮らし。数人のアルバイトに給料を払うと自分の給料は出せなかった。

■取り込み詐欺で全財産喪失！

起業して1年半が経った。その頃になると、「北海道」「特産品」とネット検索すると、上位に表示されるようになり、他社から「うちにも卸してほしい」と話がくるようになった。

自社で製造しているわけではなく、北海道の会社から仕入れて全国のお客様に販売しているので、B to Bをしてもわずかな手数料が入るだけだ。そもそもB to Bはやるつもりがなかったが、ここで欲が出てしまった。

ある会社から、「１２０万円分、仕入れたい」という注文を聞いて心が揺らいだ。

もちろん、取り込み詐欺の可能性は十分疑った。登記簿謄本を取り寄せてみると、社歴は古く、昔からある会社だ。相手先に足を運ぶと、社員も大勢いた。疑うところはなかった。

品物はカニだった。納品後にその会社に行ってみると、

「今までいろんなところから仕入れたけど、君のところのカニが一番うまかった。だからもう一回頼むわ」

と言われ、有頂天になった。さらに、

「それにしても、この値段でちゃんと利益は取れているのか。大丈夫か？」

と私を気遣うそぶりを見せたので、「この人、いい人だ」と思い込んだ。

ところが、振込日に入金がなかった！

急いでその会社へ行くと「倒産しました」という貼り紙があった。

「問合せはこちらの弁護士事務所まで」とあったのですぐ電話すると、「当事務所はこの案件をおります」と言うではないか。

なす術《すべ》がなかった。

後でわかったことだが、取り込み詐欺のプロは、古い休眠会社を買い取り、社歴があるように見せるという。その会社は横浜で創業していたが、創業時とは所在地も事業内容もまったく違っていた。今思えば、いつでも引越ししやすい簡易な什器だったような気がする。たくさんの段ボール箱が置いてあり、商品ジャンルはバラバラだった。

■「無収入寿命0か月」と無一文からの再出発

創業1年半、ようやく貯めた120万円がすっからかんになった。

偶然だが、詐欺に遭った金額と手持ち資金が同額だった。

120万円分のカニを仕入れ、180万円で売り、入金がなかった。支払いをしなければならず、手元の現金120万円で支払い、持ち金はゼロになった。

周囲から心配されたが、私は意外とさばさばしていた。

「マイナスになったわけではない。借金を抱えたわけでもない。今から起業したことにしよう。それに将来成功したときに、このエピソードは本を書くときや講演のネタとして使える」

手元資金はゼロになったが、1年半の経験値、取引先、顧客リストもある。

経営をしていると、不況やトラブルに巻き込まれる。

これは100%間違いない。

会社が大きくなってから全資金を失ったら影響は甚大だが、この規模ならまだ巻き返せる。長い目で見れば、この時点で経験できたのはラッキーだ。

無一文からの再出発。無収入寿命は「0か月」だった。

第2章

売上ＯＳが利益ＯＳに変わる！売上最小化、利益最大化の法則

1

売上と利益をセットで管理する思考法

■売上は上がっても利益が上がらない理由

創業から20年の歳月が流れた。

北の達人コーポレーションは、売上約100億円、営業利益は約29億円（2020年2月期）となった。多くの会社の利益率が3％程度なのに対し、当社は29％となっている。

従業員数が少ないから一人あたり利益率は高い。

東京証券取引所（東証）一部上場企業従業員の平均人数は約7300名。一人あたり利益は約303万円（2019年12月～2020年11月決算）。当社の従業員は125名なので一人あたり利益は2332万円（2020年2月期）。東証一部上場企業平均と比較して一人あたり**約7・7倍**の利益を上げていることになる。

多くの人は売上が100億円になったことに注目する。

しかし、私は利益29億円に意味があると思っている。

一般的に、売上は多ければ多いほどいいといわれる。だから多くの経営者は売上を最大化しようとする。

経営者は自分の会社を大きく見せたい。大きく見えるポイントは売上と従業員数だ。

売上を上げることは悪いことではない。

売上が上がり、利益も上がれば問題ない。

しかし、**売上が上がれば、単純に利益も上がるわけではない**。

利益をグロスで見ると、黒字でも、受注ごと、商品ごとでは赤字が含まれているケースがある。売上を追いかける会社は、一つの受注、一つの商品が赤字でも、別の受注で大きく黒字になれば、全体として採算が合うと考える。

しかし、そもそも赤字の受注がなければどうなるか。

赤字の商品を扱わなければどうなるか。

受注しないから売上は下がる。だが、**利益は増える**。

２０００年頃、ほとんどのネット通販は売上が上がっても利益が出ていなかった。利益は後からついてくると考えられていたからだ。

ところが、ネットビジネスはスピードが速い。赤字を出しながら市場シェアを獲得し、後で資金回収するビジネスモデルが通用しない。

たとえば、広告投資をしてシェア拡大を狙ったとしよう。

広告を出せば一瞬だけ売上は上がるが、大きな経費のため赤字になる。その後、広告をやめ、トップシェアの利を活かして投資分を回収しようとする。しかし、その段階で競合が参入し、一気に市場を取られる。投資分を回収できないまま倒産する。

そんな会社を何社も見てきた。

ネットビジネスではマメに利益を回収すべきだ。その考えは今でも変わらない。

変化の激しい今の時代、先行投資期に売上が上がっても、回収期には市場がガラッと変わり、利益が回収できないケースが多発している。だからこそ**売上と利益をセットで管理する経営方式**が必要だ。

私は創業時から、売上を商品ごとに個別に見て、どの商品の売上がどれだけ利益に結びつくかを考えていた。商品ごとに原価、売れるまでの手間、経費が異なるからだ。

同じ利益なら売上は少ないほうがいい

図表4を見てほしい。

A社　売上100億円－原価&販管費97億円＝利益（営業利益）3億円

＊営業利益率3％

B社　売上10億円－原価&販管費7億円＝利益（営業利益）3億円

＊営業利益率30％

一般的には、売上が多いほうが「いい会社」とされる。

だから、A社のほうがよいと思うだろう。だが、A社もB社も利益は同じ3億円だ。

注目したいのは、3億円の利益を出すために、**どれだけのコスト**がかかったか。右の式で言えば、原価&販管費の部分だ。

利益（営業利益）は以下のように算出される。

営業利益が同じだったとき、
売上は多いほうがいいか？　少ないほうがいいか？

（億円）

	A社	B社
売上	100	10
原価 & 販管費	97	7
営業利益	3	3
営業利益率	3%	30%

約14倍

3億円の営業利益を生み出すためにどれくらいのコストをかけているか

↓

＊A社は3億円の営業利益を生み出すために「97億円」のコストがかかる
＊B社は3億円の営業利益を生み出すために「7億円」のコストですむ
＊同じ3億円の営業利益を出すのに、A社はB社の「約14倍」のコストがかかっており、とても非効率なやり方になっている

利益（営業利益）＝売上－原価－販売管理費（販管費）

営業利益3億円を上げるのに、A社は原価と販管費を97億円使った。B社は7億円を使った。よって約14倍のコスト差がある。B社のほうが圧倒的に効率的だ。

代表的な販管費について、**図表5**にまとめた。

■売上が少ないほうが経営が圧倒的に安定する理由

A社に勤める人は「同じ利益でも、うちのほうが売上が多い」と言い、B社に勤める人は「同じ利益でも、うちのほうが効率的だ」と言うだろう。この議論は平行線をたどることが多い。

だが、企業の安定性を比べたらB社が圧勝する。

図表6を見てほしい。

不景気やアクシデントなどによって、A社、B社ともに売上が10％下がったとしよう。

A社の売上は90億円、B社は9億円になる。

「売上」－「原価」－「販売管理費」＝「営業利益」

原価	販売管理費（販管費）	営業利益
商品・サービスの仕入れや製造にかかる費用	販売活動に必要な費用、企業全体の管理活動にかかる費用	本業の販売活動から得た利益

【代表的な販管費】
（商品・サービスを販売するためにかかるコスト）

人件費
営業部門の人件費

法定福利費
人件費に伴う社会保険料

広告宣伝費
テレビ、チラシ、ウェブなどの広告料

販売手数料
販売に用いる決済システムの手数料

旅費交通費
営業部門の移動交通費

【一般管理費】
（企業自体の運営に必要なコスト）

地代家賃
オフィスや倉庫の家賃など

人件費
経理など管理部門の人件費

法定福利費
人件費に伴う社会保険料

通信費
社内ネットワークの通信代

消耗品費
コピー用紙、ペンなど日常消耗品代

（億円）

			A社 10%ダウン →		B社 10%ダウン →	
仮に売上が10%下がった場合	売上		100	90	10	9
変動費は売上が減るとその分変わる	原価販管費内訳	変動費 ※売上の50%とする	50	45	5	4.5
固定費は基本的に変わらない		固定費	47	47	2	2
原価&販管費の合計は?	原価&販管費計		97	92	7	6.5
A社は赤字転落、B社は高収益率のまま	営業利益		3	−2	3	2.5
	営業利益率		3%	−2.2%	30%	27.8%

原価と販管費には、売上に連動して減るもの（変動費）、固定的にかかるので売上が下がっても減らないもの（固定費）がある。ここでは変動費は、売上の50％としよう。

A社の変動費は50億円が45億円と10％下がる。しかし、固定費は47億円で変わらず、原価と販管費の合計は97億円が92億円となる。

B社の変動費は5億円が4億5000万円と10％下がる。しかし、固定費は2億円で変わらず、原価と販管費の合計は7億円が6億5000万円となる。

営業利益を算出すると、次のようになる。

A社
売上90億円－原価&販管費92億円＝営業利益マイナス2億円
＊営業利益率マイナス2・2％

B社
売上9億円－原価&販管費6億5000万円＝営業利益2億5000万円
＊営業利益率27・8％

B社は営業利益が2億5000万円になり、営業利益率は27・8％と高収益を維持できている。

一方のA社はなんと営業利益がマイナス2億円と赤字に転落した。

同じ利益であれば、売上が少ないほうがリスク耐性が高いということがおわかりいただけただろうか。

売上10倍は「リスク10倍」を意味する

利益が同じ場合、売上が多いほうがリスクは大きい。経営していると実感するが、想定外のアクシデントは常に起きる。

そして**アクシデント量は利益ではなく売上に比例**する。商品数、顧客数などが多いからだ。

売上10倍はリスク10倍を意味する。

私が経営において大事にしているのは、**顧客満足度を高めること**だ。

お客様に100％満足していただければ、永続的経営に近づく。しかしながら、売上を上げたい一心でやみくもにお客様を増やすと、一人ひとりの顧客満足度を高める施策に力が注げない。

売上が上がり、仕事が増え、従業員が増え、会社の規模が大きくなる。これは一般的によいこととされる。だが、その分アクシデントも増え、管理の手間も増え、やりたいことに注力できなくなる。規模が大きくなることは、必ずしもいいことばかりではない。

本業の販売活動から得た利益を表すのが「営業利益」だ。

営業利益に対して原価や販管費がどれくらいかかっているかを見ることで、企業がどのくらい適切に投資しているかを判断できる。広告宣伝費を多くかければ売上は増えるが、営業利益は下がる。

だから原価や販管費をいくらかけてもいい、というわけではない。

営業利益に対して原価や販管費が高い場合、無駄なコストを払っている可能性が高い。

当社のようなネット通販の場合、広告費を無限に使えたら売上も無限に上がる。売上100億円を達成したければ、広告投資を大量にすればいい。

だが、利益は上がらない。

だから、管理が重要だ。現在は常時約5000本の広告を出稿しているが、そのパフォーマンスを**毎朝確認**している。採算が合わない広告はやめ、採算が合う広告だけが残っていく。

2

利益体質の会社をつくり史上初の4年連続上場

■メルマガ発行数は3倍なのに、売上は1・3倍のワケ

eコマース市場は2000年前後に日本に登場した。そもそもネットでモノを買う人が少ない時代で、サイトに商品を掲載しておくだけでは売れなかった。いかに興味がない人に興味を持ってもらい、買ってもらうかを業界全体で試行錯誤していた。

多くの会社がメールマガジン（以下、メルマガ）を発行し、企画やキャンペーンを工夫して売上を上げた。

たとえば、「発注担当者が50個仕入れるはずなのに、一桁間違って500個仕入れ

てしまいました。30％引にするのでぜひ買ってください」とメルマガに書く。その真偽はわからないが、イベント的に売れることがあった。

売れているサイトは毎日何らかの企画を考え、メルマガを発行した。

私も週1回メルマガを発行していた。頻度としては少ないほうだった。

そこでメルマガの発行頻度を週1回から週3回に増やした。目新しい商品を仕入れ、セールスポイントを文章化する。

業務は増加したが、売上増加を期待した。

だが売上は1・3倍にしかならなかった。メルマガを出す労力は3倍になったのに、売上は1・3倍にしかなっていない。このとき、「売上さえ上がればいい」という考え方なら、こうすることもできた。

週1回　売上1

↓

週3回　売上1・3倍

↓

週7回　売上1・5倍

実際、この作戦を実施するネット通販は多かった。

だが、私は効率が悪いと思った。周囲の流れに乗って、次から次へと企画やキャンペーンをやっていたら確かに売上は上がる。

でも、売上を上げるのにかかる手間やコストが増加して利益は少なくなる。メルマガを出さなくても売れる仕組みを考えないと利益体質にはならない。

■「多産多死」から「少産少死」の経営へ

「売上最小化、利益最大化」を目指すには、まず**「少産少死」の経営**を徹底する。商品・サービスを「少産少死」にすること。**商品は一生売り続ける**つもりで開発する。

ダメになったら廃番にしようと考えず、ロングセラー前提で商品開発を行う。

この反対が「多産多死」の経営だ。「多産多死」の経営は流行りの商品を次々に出す。一つの商品に依存せず、いつも商品が入れ替わって売上が立つ仕組みになっている。人は新しいものに興味を持ちやすい。新しいだけで魅力的だ。その点で勝負するには、常に新しいものをつくり続けなくてはいけない。

だから、「多産多死」の経営はコスト高になる。

販売形態によってもコストは大きく変わる。当社は通販しかやっていない。しかし売上を最大化するため、通販と店頭販売の両方をやる会社が多い。こうした会社のほとんどは、どちらかが赤字になっている。

私なら黒字事業に特化し、赤字事業をやめる。経営者の中には、「通販と店頭販売をやることで宣伝になる。相乗効果がある」と言う人がいる。

しかし、利益率は低くなる。両方やるとオペレーションも2種類必要になるから社員教育やノウハウの蓄積などにコストがかかり、利益を圧迫する。

なぜ利益が少なくなるのに、多くの会社が通販と店頭販売の同時展開をやめられないのか。売上志向だからだ。利益を起点に考えていないので、売上が上がることに手を出してしまう。

■矢沢永吉に触発された「D to C」×「サブスクリプション」モデル

当社は「悩みを解決する商品」を開発し、お客様に届ける。お客様に商品をきちんと使ってもらえるよう工夫した説明書もつける。無料カウンセリング相談もやっている。一回買ってくれたお客様とは**一生おつき合い**するつもりだ。

私自身、商品に対して責任を持って販売しようという気持ちは創業当初から強かった。取扱商品をきちんと選び、わかりやすく説明し、お客様に心底満足していただきたい。

だが、商品数が増えると責任の量も増えていく。北海道の特産品を扱っていたときには、「このまま商品数が増えていくと手に負えない」と感じていた。

そんな時期に、オリゴ糖でつくられた「便通を改善する」健康食品に出合い、これが爆発的に売れた。

詳しくは第4章で述べるが、その後も堅調に売れ続けた。

その頃読んでいた何かの本に、矢沢永吉さんの言葉が書かれていた。

それは「**一回レコードを買ってくれたお客様とは一生つき合っていく**」という趣旨のセリフだった。私も、うちの商品を一回買ってくれた人とは一生つき合うつもりでやっていこうと思った。

こうして「北の達人」の事業モデルが確立された。

ひと言で言えば、**「D to C」×「サブスクリプション」**だ。

Ｄ to Ｃとは「Direct to Consumer」の略で、自社ブランド商品を、ネットを活用して直接顧客に販売するビジネスモデルだ。

サブスクリプションは、アプリに対する毎月の課金をイメージする人が多いが、当社の場合、**定期購入**を指している。取扱商品は、健康食品、化粧品など1か月で使い終わるものだ。だからお客様に気に入ってもらえば、毎月購入していただける。

品質の高い商品でロングセラーを狙うビジネスモデルで、**定期購入による売上比率は約7割**と高い。これが利益を生み出す源泉になっている。

■利益は目的、売上はプロセス

会社を利益体質に変えるには、**利益目標を設定する**ことだ。

無収入寿命でもいい。

多くの人は昨日の続きの仕事をやって、いつかゴールにたどり着くと考える。

だが、今までと同じように歩いてもゴールにはたどり着かない。目的地を設定するから軌道修正も可能になる。

同じことを続けていいのか、仕事の優先順位ややり方を変える必要はないのか、徹底的に自分に問う必要がある。

だから、利益目標の設定を毎月、見直す。

利益につながらない仕事を見つけたらやめる。

このときグロスで利益を見るだけでは足りない。**業務ごとに利益を管理**する。業務ごとに採算が合っているかを見て、合っていないところはすべて切る。

多くの人が「そうすると、売上が下がってしまうのではないか」と言うが、そもそも売上を求めなくていい。

コストは、何でも削減すればいいわけではない。

適切な投資はするべきだ。

ただし、**施策と利益との関連性は常に数字で評価**する。

当社は、第3章で紹介する**5段階利益管理**でそれを行う。これを怠って施策を楽観的に評価するとすぐ赤字になる。

「この広告を打つことで、いつか利益が上がるだろう」と期限も根拠もないことを言ってはいけない。

売上と利益は対比するものではない。**利益が絶対の目的であり、売上はそのプロセス**だ。

■東証一部上場に売上と従業員数は関係ない

私はかつて「東証一部に上場するには大企業でないと無理だ」と勝手に思い込んでいた。ところが上場基準を見ると、**売上と従業員数の基準はなかった**。

当社は利益重視の経営で、４年連続上場した。これは**史上初**のことだった。

２０１２年　札幌証券取引所新興市場「アンビシャス」上場
２０１３年　札幌証券取引所本則市場（通常市場）上場
２０１４年　東京証券取引所（東証）二部上場
２０１５年　東京証券取引所（東証）一部上場

第1章で触れたとおり、私はリョーマという学生企業にいた。創業者の真田哲弥《さなだてつや》さんは現在東証一部のＫＬａｂ株式会社の会長、もう一人の創業者の西山裕之《にしやまひろゆき》さんは同じく東証一部のＧＭＯインターネット株式会社の副社長だ。

私がアンビシャスに上場したとき、リョーマの同窓会があった。

西山さんは以前、ＧＭＯインターネットの子会社「ＧＭＯアドパートナーズ」の社長をしていて、会社設立後３６４日でジャスダック市場（当時ナスダックジャパン）に上場した。当時、会社設立後史上最短での上場記録だった。

真田さんはマザーズに上場してから8か月後に東証一部に上場した。これも当時、史上最短記録だった。先輩２人が上場記録を持っていたので、私も記録をつくりたいと思っていた。

だが、売上や規模を増やそうとしたことはない。一般的に企業は、まず売上を最大化させ、コストを削減しながら利益を出そうとする。

当社の発想はそれとは**真逆のアプローチ**だ。利益目標が先にあって、その目標を達成する**最小の売上目標**を考えているのだ。

3

新入社員に社長がしている「利益」の話

■お金を儲けることは不道徳か

会社を利益体質にするには、社長が利益の大切さを繰り返し語る必要がある。社員を利益志向にするためだ。

お金に関する考え方は人それぞれ違う。なかにはお金を儲けることが不道徳なことだと考えている人もいる。

利益とは何か、利益を上げることにはどんな社会的意義があるのか、日常の仕事と利益はどう関係しているか、共通認識を持つ必要がある。

これから紹介するストーリーは、利益に対する「北の達人」の考え方を示したものだ。

新卒社員、中途入社社員には私が直接研修を行っている。中途入社社員の中には、前職で「売上を上げろ」という教育を徹底的に受けた人も多い。そこで売上とは何か、利益とは何かを改めて考えてもらう。

この話は、経営者向けの講演でもすることがある。基礎的な話だが、研修の実況中継だと思って読んでほしい。

■稼いでいる会社は多くの人に役立っている

Aさんは自分でつくった鍬《くわ》で畑を耕していた。

あるとき、隣の畑を耕すBさんを見て驚いた。Bさんの鍬は特別仕様でつくられていて、同じ時間で2倍の仕事がこなせる。

Aさんは、

「ぜひその鍬と同じものをつくってくれ」

と頼んだ。Bさんは、

「いいけど、あなたの鍬をつくっていると、私が作物をつくる時間がなくなる。鍬をつくる時間分に相当する作物を分けてくれたら引き受けるよ」

と言った。こうして物々交換が誕生した（**図表7**）。

やがてBさんの鍬は評判になった。あるときCさん、Dさん、Eさんが作物を持ってBさんの家にやってきた。

「Bさん、この作物をあげるから、私たちにも特別仕様の鍬をつくってくれないか」

Bさんは困った。たくさんの作物をもらっても、食べる前にいたんでしまう。

するとCさんが、

「それなら好きなときに私の作物と交換できる券をつくろう」

と兌換《だかん》券を渡した。

こうして通貨が誕生した（現実には金が価値を保証する金兌換券だが）。

兌換券1枚＝特別仕様の鍬＝鍬をつくる時間に相当する農作物

3つが同じ価値になった。**図表8**のとおり、モノやサービスの価値を置き換えたものがお金だ（ここでは兌換券）。

図表7｜物々交換の誕生

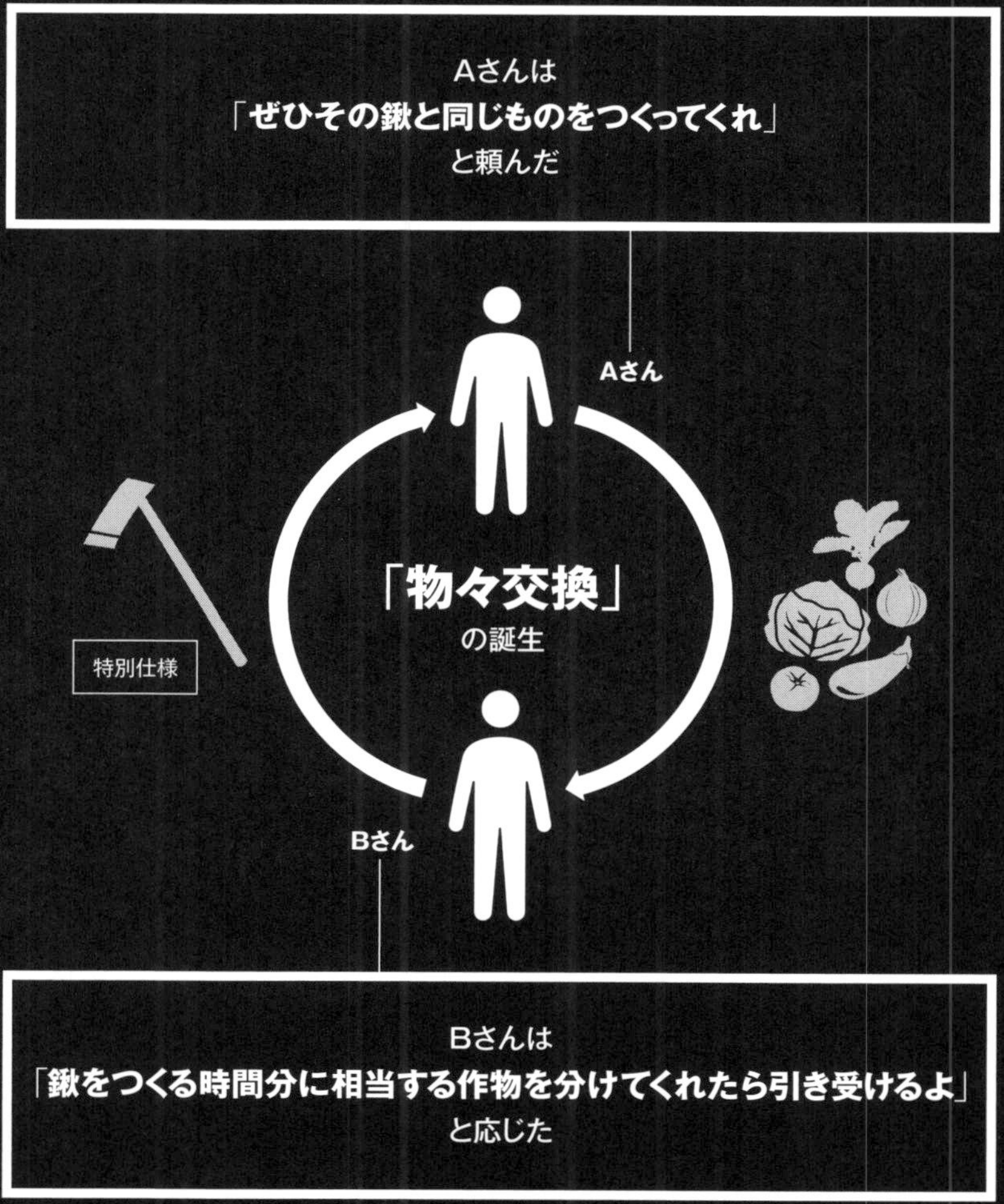
Aさんは
「ぜひその鍬と同じものをつくってくれ」
と頼んだ
Aさん
「物々交換」
の誕生
特別仕様
Bさん
Bさんは
「鍬をつくる時間分に相当する作物を分けてくれたら引き受けるよ」
と応じた

何か

兌換券1枚　＝　特別仕様の鍬　＝　農作物

が「等価値」になった!

モノやサービスの「価値」を紙に置き換える。

この置き換えられた紙が「紙幣（お金）」!

お金は人の役に立つともらえる。

価値とは、どれだけ他者の役に立つかということだ。役に立つかどうか、価値があるかどうかは、**お金を渡す側**が決める。「自分は相手の役に立っている」「一所懸命に働いている」と思っても、相手がそう思わなければお金を支払ってはくれない。

私があなたに唐突に「1万円ください」と言ったら断るだろう。

では、どんなケースなら1万円を私に渡すだろうか。

それは1万円分、あなたの役に立ったときだ。つまり、金額分、相手の役に立たないとお金は絶対にもらえない。

Bさんは特別仕様の鍬をたくさんつくり、たくさんのお金をもらった。人に役立つ度合がお金の量で、Bさんの社会への貢献度ということになる（**図表9**）。

では、毎日の仕事ではどうか。様々な価値のある商品・サービスを提供する。それに見合った対価をもらっている。つまり、稼いでいる会社は多くの人の役に立っている（**図表10**）。

会社がどれくらい世の中に役立っているかを示す指標として、次のように言われることがある。

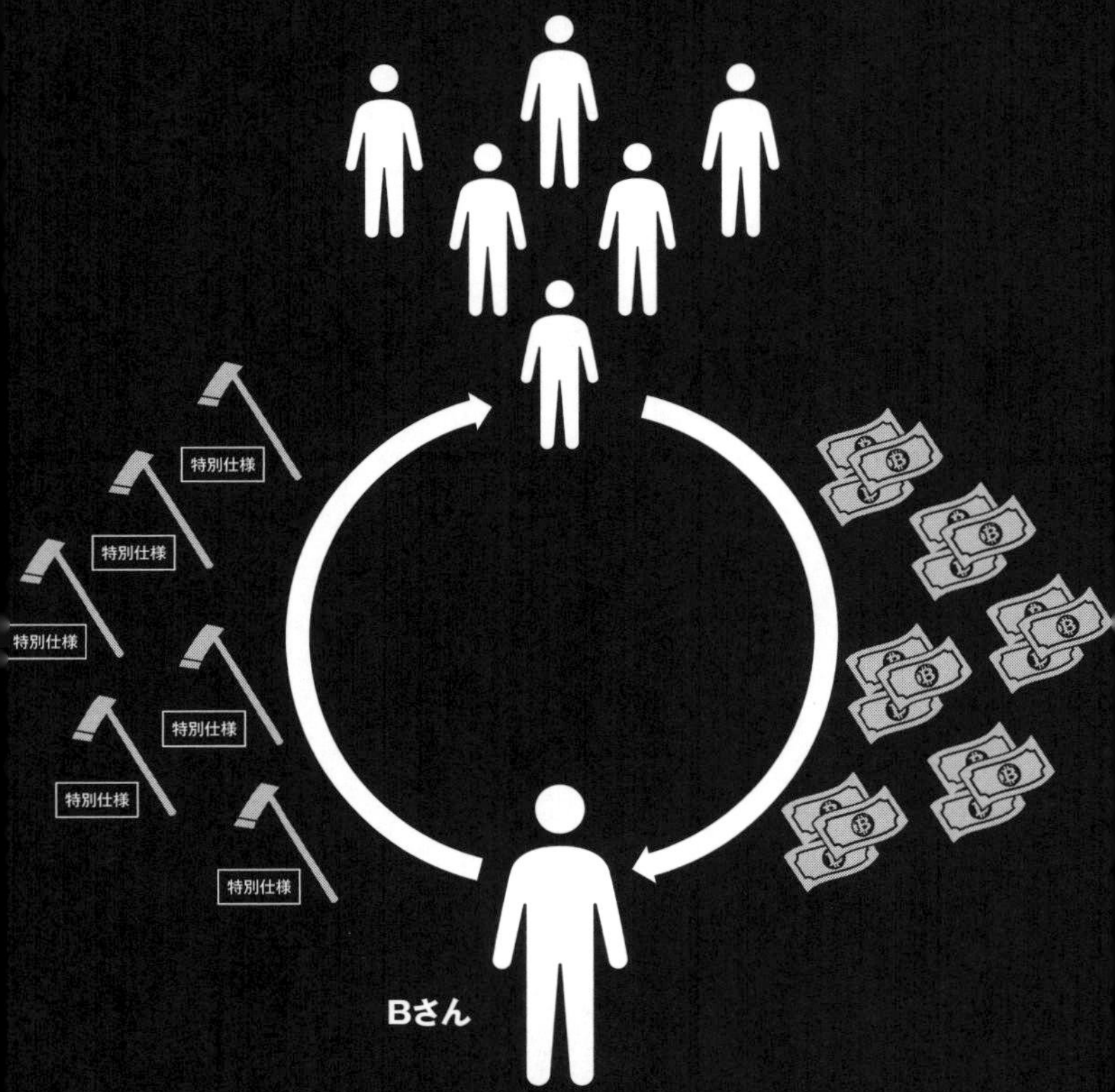

人に役立つことをする人ほど、たくさんお金をもらえる

現代の場合……

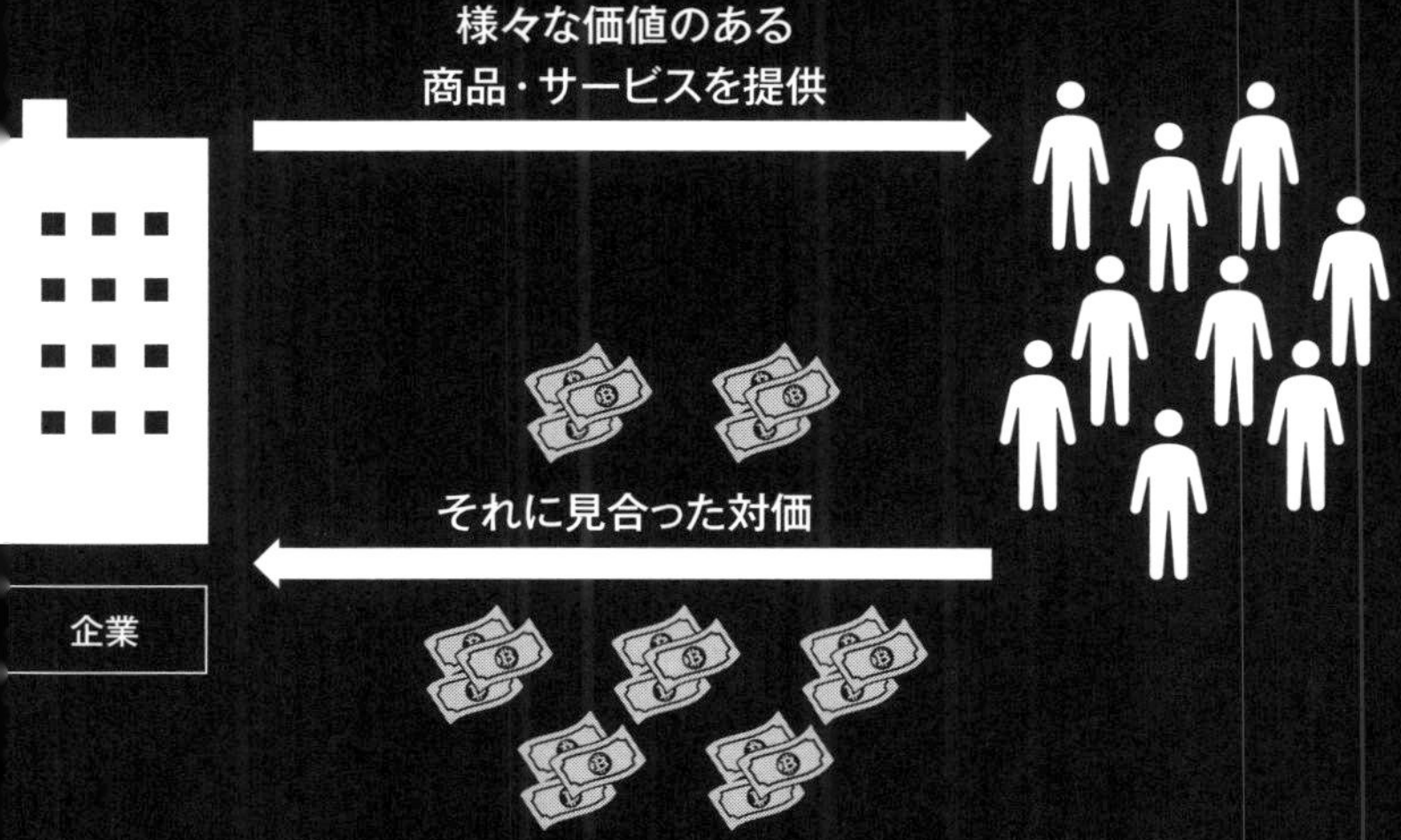

稼いでいる会社 ＝ 多くの人に役立っている会社

あってもなくてもいい会社（たまたま目に入ったから買っただけ）→年商5億円以下
あると便利な会社→年商10億円以上
なくなると困る会社→年商100億円以上

だから多くの起業家は100億円以上の会社になることを目指すのだ。

■そもそも利益とは何か

さて、Bさんは鍬を提供し、役立った分の対価をもらった。これが売上で**お役立ち度の合計を数値化したものだ。**

では利益とは何か。売上の中で**自分自身が生み出した付加価値分を数値化したもの**だ。

鍬はBさんがつくったが、鍬の材料の木や鉄を仕入れているから、すべて自分でつくったわけではない。売上は、Bさんの鍬の価値の合計だが、利益はその中でBさん自身が生み出した付加価値分だ。

売上だけなら簡単に上げられる。あなたが人の役に立ちたいと考え、Bさんから鍬を仕入れた。1本1000円の鍬を10本仕入れ、1本1000円で10人に販売した。

Bさんから買っても、あなたから買っても、品質も値段も同じだ。お客様はたまたま目についたあなたから買った。

売上は1万円だが利益はゼロだ。


売上1万円（1000円×10本）－原価1万円（1000円×10本）＝利益0円

売上は上がったが、あなたは世の中の役に立ったか。

企業の中には、売上100億円でも利益がほとんどないところもある。

仮に、100億円の売上目標を立てたとする。100億円売り上げるために、**図表11**のように価格比較サイトの最安値で、あるメーカーの10万円のPCを、10万台仕入れた。原価は100億円かかった。

そして、同じ価格比較サイトに出品し、同じ最安値の10万円で販売した。

お客様は品質も価格も同じ最安値だから、たまたま目についたほうを買う。1台10万円で10万台仕入れたPCが、1台10万円で10万台売れ、売上100億円を達成したとする。

図表11｜売上100億円、利益0円

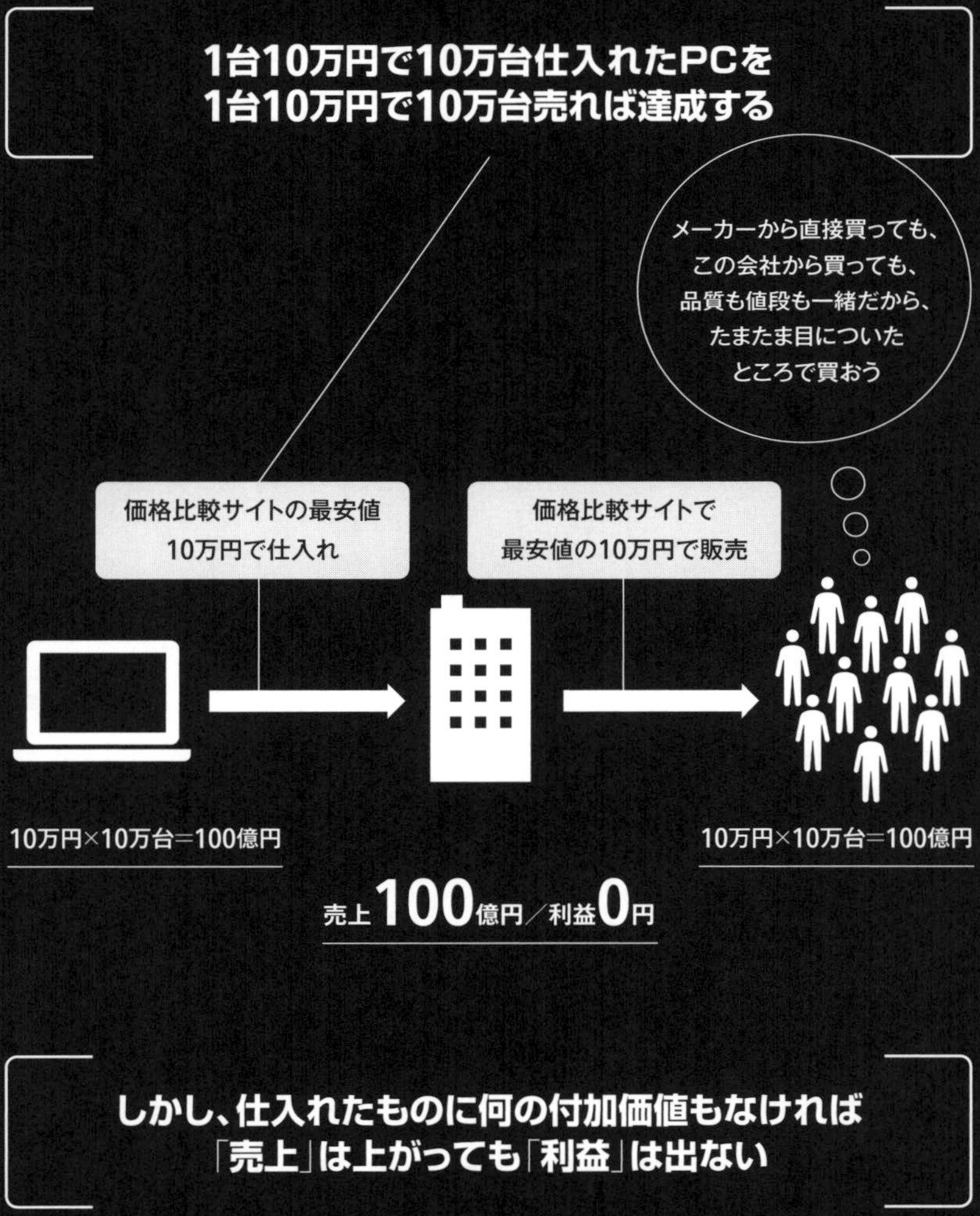

1台10万円で10万台仕入れたPCを
1台10万円で10万台売れば達成する
メーカーから直接買っても、
この会社から買っても、
品質も値段も一緒だから、
たまたま目についた
ところで買おう
価格比較サイトの最安値
10万円で仕入れ
価格比較サイトで
最安値の10万円で販売
10万円×10万台=100億円
10万円×10万台=100億円
売上100億円／利益0円
しかし、仕入れたものに何の付加価値もなければ
「売上」は上がっても「利益」は出ない

だが、利益はゼロだ。

売上１００億円（10万円×10万台）－原価１００億円（10万円×10万台）＝利益０円

仕入れたものに付加価値が加わらなければ、売上が上がっても利益は出ない。すでに世の中に役立っている商品を、そのまま仕入れて、そのままの値段で売ると、売上は上がるが、利益は上がらない。

それはあなた自身が世の中の役に立っていないことを示している。

では、**図表12**のように、このＰＣに10年保証をつけて11万円で販売したとしよう。お客様が元のメーカーから買うと10万円だが、あなたの会社から買うと1万円高いものの10年保証がついている。10年保証に価値を感じる人が10万人いたらこうなる。

売上１１０億円（11万円×10万台）－原価１００億円（10万円×10万台）＝利益10億円

一方で、10年保証に価値を感じない人、1万円は高いと感じる人が多ければ売上も利益も上がらない。価値があるか、**利益が適正かはお客様が決める**ということを忘れ

図表12｜売上110億円、利益10億円

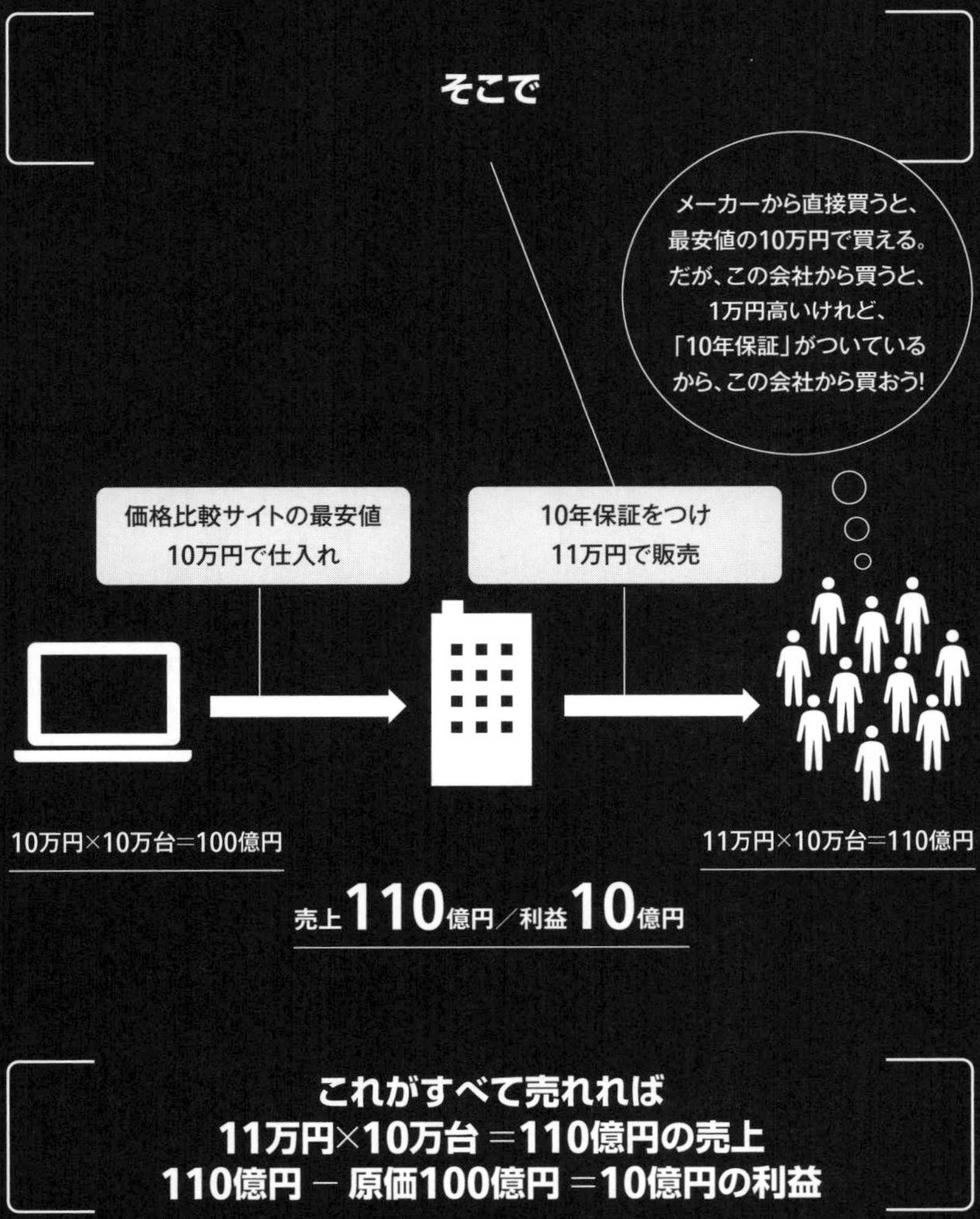
そこで
メーカーから直接買うと、
最安値の10万円で買える。
だが、この会社から買うと、
1万円高いけれど、
「10年保証」がついている
から、この会社から買おう!
価格比較サイトの最安値
10万円で仕入れ
10年保証をつけ
11万円で販売
10万円×10万台=100億円
11万円×10万台=110億円
売上110億円／利益10億円
これがすべて売れれば
11万円×10万台＝110億円の売上
110億円－原価100億円＝10億円の利益

てはならない。

年商100億円の会社でも利益を出さなければ存在価値はない。売上に意味はない。利益こそが会社のお役立ち度を示している。利益はその会社が本当に役立っているかどうかのバロメーターなのだ。

■利益を上げた会社は何をすべきか

目標とする利益を十分に上げた会社は次に何をすべきか。

もっと世の中の人に喜んでもらうにはどうしたらいいか。

ある社員はこう言った。

「社長、必要な利益を十分上げたのだから、これからは無料にしましょう」

すると注文が殺到する。商品を渡せる人、渡せない人が出てしまう。以前、有料で買ってくれたお客様は「不公平だ」と思うだろう。お客様に対して失礼なことになる。

社員は考えを改めた。

「やっぱり有料で販売して利益を上げ、利益目標を超えた金額を寄付しましょう。これこそが社会貢献ですよ」

だが、いざ寄付しようとしたら、様々な団体があることに気づいた。貧困や食料不足に苦しむ人たち、学校にいけない子どもたち、地震や豪雨で被災した人たち……世の中には困っている人がたくさんいる。

たまたまニュースなどで知った人や団体に寄付をすることになるが、それでいいのか。

世の中にはもっと困っている人がいるのではないか。本当はすべての困っている人を把握し、優先順位をつけて援助できればいいが、自分の力では難しい。

では、どうしたらいいか。

そのために行政と税金という仕組みがある。

不案内の分野に寄付するのではなく、本業に専念して利益を生み、納税したほうが役に立つ。日本の社会は、必要以上に利益が出た分は、税金という形で社会に還元される仕組みになっている。

行政は日本中から集めた情報をもとに、どこにどれだけのお金を分配すべきかを決める。稼いだ利益は行政を通じ、日本全体がバランスよく、みんなが幸せになるよう適切なところに分配される。

「累進課税」では、利益を上げれば上げるほど税率が高くなる（**図表13**）。

図表13｜累進課税の仕組み

累進課税 ＝ 利益を稼げば稼ぐほど、税率が高くなる仕組み

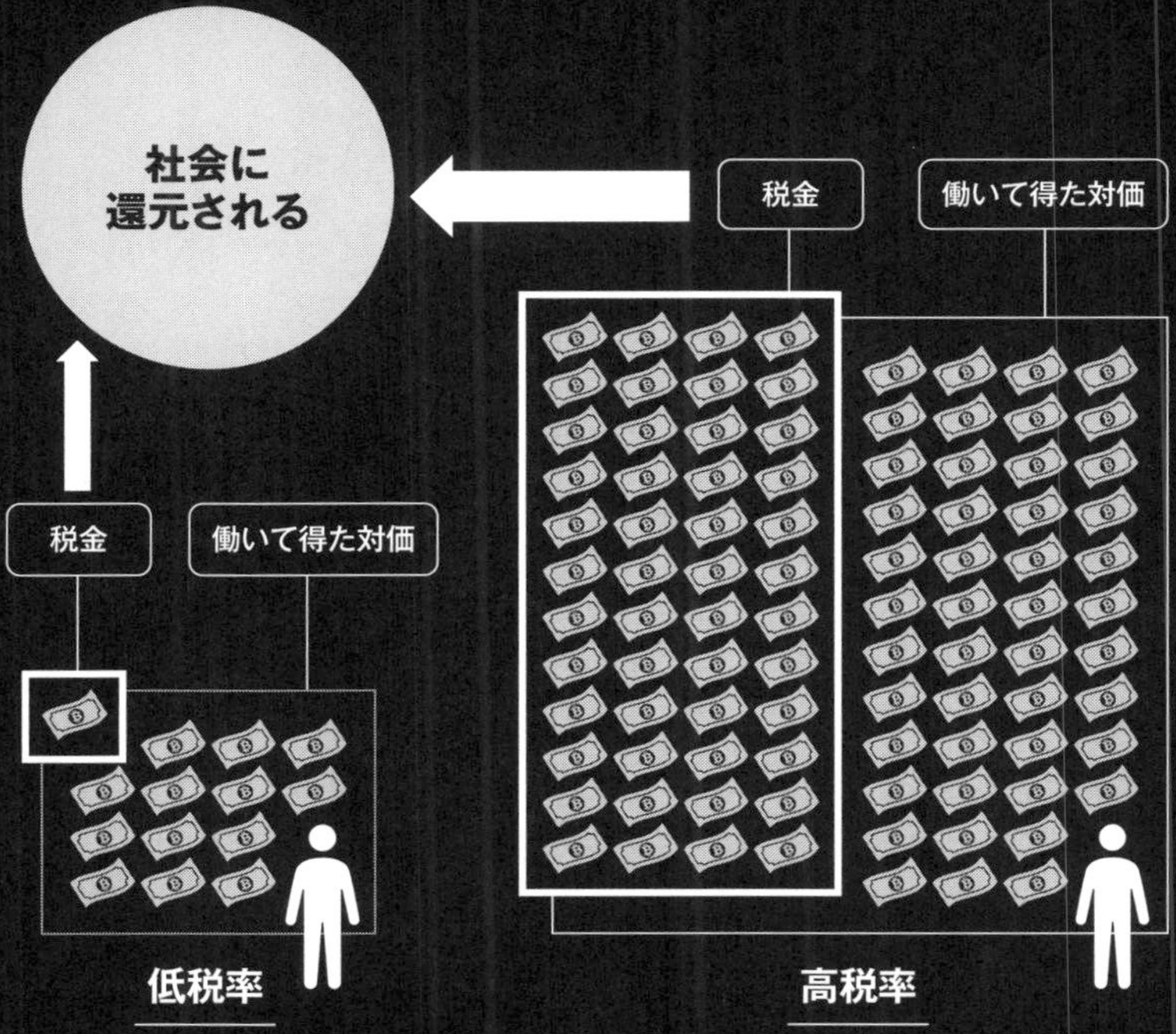

多く稼いでいる人は、それだけ多く納税して
社会に還元している。だから、
より世の中に役立つためには、より多く利益を稼ぐ

生活に必要な最低限度の金額はどんな人でもあまり変わらない。だから稼げば稼ぐほど税率が高くなるのは理解できる制度だ。多く稼いだらそれに応じて納税し、社会に還元する。だから世の中に役立つには、より多くの利益を上げることだ。

■従業員一人あたり利益対決！「北の達人」vs「トヨタ」「NTT」「三菱UFJ」「KDDI」「三井住友」では、どっちが高い？

企業は社会に役立つものを提供する。役立った分だけ対価をもらう。役立っていなければ対価はもらえない。

役立った分だけ利益が出る。役立っていなければ利益は出ない。

そして出た利益を納税する。税金は役所の人の給料になる。そして役所の人が無償や安価の行政サービスを市民に提供してくれる。

では、非営利団体はどのように活動しているのか。

彼らの活動の一部は、補助金や助成金といった税金、企業からの寄付に支えられている。

あるとき「世の中の役に立ちたい」とボランティアをしている若者に出会った。その人は当然、相手の人からは対価をもらっていない。

では、自分の生活はどうしていたか。親からの仕送りで生活していた。本当に世の中を支えているのはその若者ではなく、親ではないだろうか。

ボランティアは大切なことだが、非営利や無償サービスは本当に役立っているかどうかの判断が難しい。

有償なら、「お金を払ってどうしてもほしい」「お金がかかるならいらない」がはっきりするが、無償だと「タダならほしい」「絶対にほしいがお金がない」の区別がつきにくい。

開発途上国で井戸を掘ったけれど、3か月くらいで井戸が壊れてしまい、誰も修理せず放置されてしまうケースが多々ある。修理されないということは、そもそも必要度が低かったのかもしれない。これでは自己満足になってしまう。

ただ、私は寄付を否定しているわけではない。

2018年9月6日に北海道で発生した「北海道胆振《いぶり》東部地震」の被災地支援のために、私財から1億円を寄付した。

被災直後、多くの社員の自宅は停電し、交通機関は全面停止、市内全域の大多数の信号も止まった。宿泊難民が札幌駅にあふれ、コンビニの周りに長蛇の列ができていた。

その後、各関係者の懸命の努力によって都市部では復旧の見込が立ってきたが、人口の少ない地域では復旧・復興に長い期間を要するものと思われた。

北海道の企業として、全北海道の早期復興を願い、そうした地域に優先的に支援していきたいと考えた。

このような特別な場合を除くと、納税のほうが社会の役に立つ。企業が利益を出して納税していかなければ、世の中は成り立たない。なぜなら赤字企業はほとんど納税しないからだ（**図表14**）。

「北の達人」の利益は29億円だ。世の中には当社よりも役立っている（利益を出している）会社はたくさんある。だが、従業員一人あたり利益は２３３２万円（２０２０年2月期）で、**図表15**の営業利益上位大手5社よりも大きい。

法人税は利益に応じて課税されるので、従業員一人あたり法人納税額は大手より高く、当社の従業員は、大手企業の従業員よりも世の中に役立っていると言える。従業員には「自分がこの国を支えているという自負を持ってほしい」と伝えている。

利益を上げ、支払った税金が社会のために使われる。さらに言えば、税金を有効に使ってもらうために、信用できる政治家を選ぶ必要がある。

企業が利益を上げることは、お客様がお金を払いたいほど喜ぶ商品・サービスを提

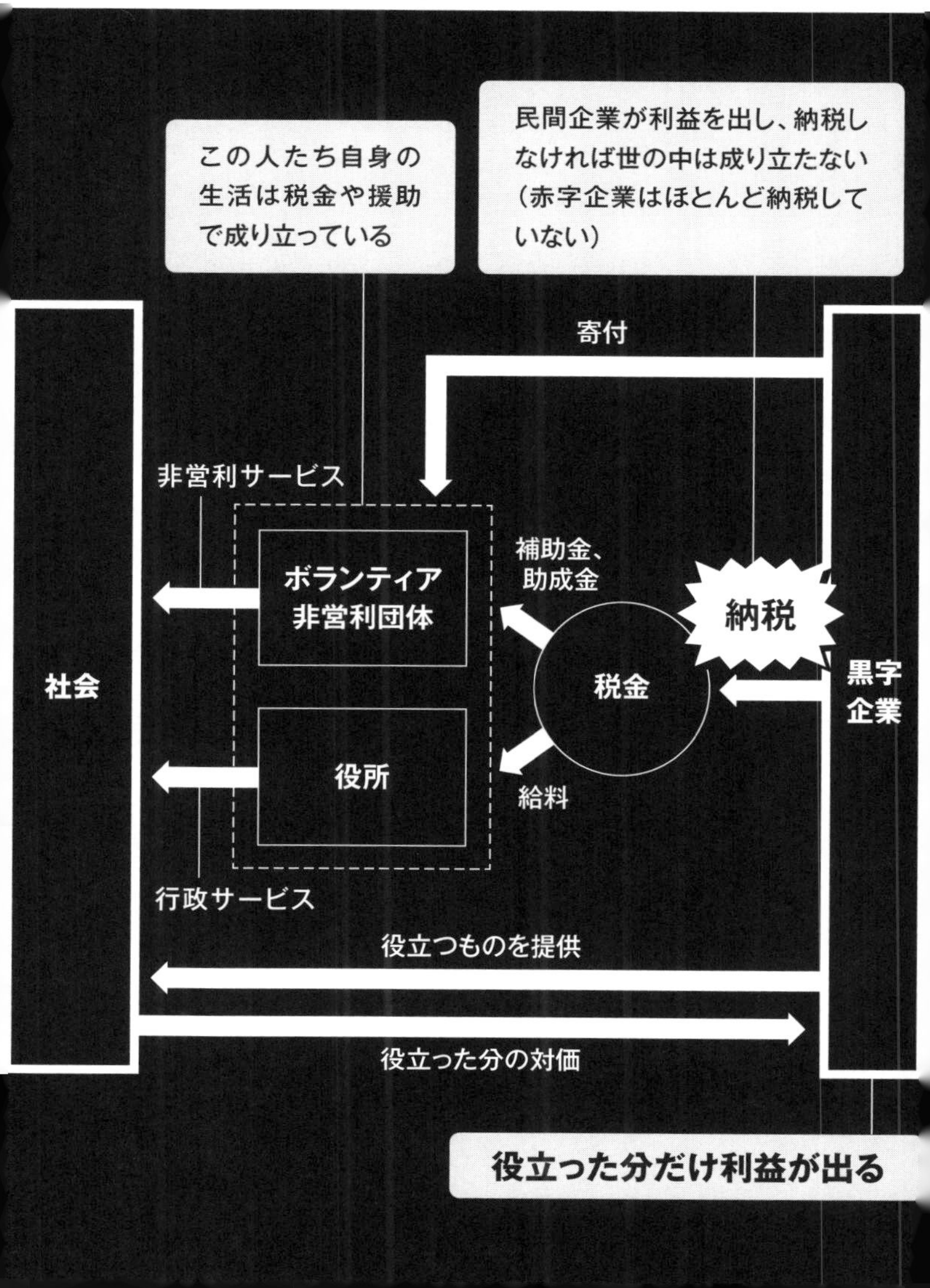
この人たち自身の生活は税金や援助で成り立っている
民間企業が利益を出し、納税しなければ世の中は成り立たない（赤字企業はほとんど納税していない）
寄付
非営利サービス
ボランティア非営利団体
役所
補助金、助成金
給料
納税
税金
黒字企業
社会
行政サービス
役立つものを提供
役立った分の対価
役立った分だけ利益が出る

図表15｜大手5社との従業員一人あたり利益比較

世の中には当社よりも役立っている（利益を出している）会社はたくさんある

東証一部上場企業営業利益上位5社

	社　名	営業利益	従業員数	従業員一人あたり利益
1位	トヨタ自動車	2兆4,429億円	35万9,542人	679万円
2位	NTT	1兆5,622億円	31万9,052人	490万円
3位	三菱UFJフィナンシャル・グループ	1兆2,358億円	13万8,570人	892万円
4位	KDDI	1兆252億円	4万4,952人	2,280万円
5位	三井住友フィナンシャルグループ	9,320億円	8万6,443人	1,078万円
	～			
	北の達人コーポレーション	29億円	125人	2,332万円

従業員一人あたり利益は
営業利益上位5社よりも大きい

当社の従業員は、大手企業の従業員よりも
世の中に役立っていると言える

2019年12月期～2020年11月期の東証一部上場企業の有価証券報告書をもとに著者作成

供し、お客様の役に立つことだ。そして利益を納税という形で社会に還元し、社会全体の役に立つ。企業はこの2つで社会に役立っている。

まとめると、**売上は企業のお役立ち度の合計を数値化したもの。利益とはその中で自社が生んだ付加価値分。社会貢献とは稼ぐこと。お金を稼ぐことは社会貢献。**

だから利益が大事なのだ。

■売上OSを「利益OS」にする

以上が、利益に対する「北の達人」の考え方を示したストーリーだ。

これをつくった理由は2つある。

一つは新卒社員に「お金とは何か」を考えてもらうこと。

もう一つは中途入社の社員に、「なぜ利益が大事なのか」を考えてもらうこと。

新卒者は、この内容をすぐに理解してくれ、反対に、

「世の中の会社はなぜ利益より売上を大事にするのでしょうか」

と疑問を抱く。また、

「毎日の仕事の意味がわかりました」

「世の中の役に立ちたいので、ボランティアをしようと思っていましたが、一所懸命、目の前の仕事をすればいいとわかりました」

という感想もある。

中途入社の社員は、前職の影響で、売上重視の考えに染まっている人が多い。だから私は、パソコンの基礎システムであるOS（Operating System）になぞらえ、

「今までのOSでは『北の達人』のやり方は理解できないでしょう」

と話す。

売上をたくさん上げることが目的の行動と、利益をたくさん上げることが目的の行動ではまるで違う。だから、**売上OSから利益OS**に入れ替え、そのうえでこれまで経験してきたものをアプリとして載せてほしいと伝えている。

また、日常業務で利益の大切さを忘れそうになった人がいたら、「売上は誰でも上げられるから意味ないと、最初に話しましたよね」と言っている。

この話を経営者向けの講演ですると、

「自分たちが何のために利益を出すのか考えたことはなかった」

「利益を出すことが社会貢献になるとは考えたこともなかった」

と言う人が多い。

さて、利益の大切さの確認はここまで。次章からは、いよいよ会社の施策と利益を連動させる**5段階利益管理**をお伝えしていこう。

第3章

会社の弱点が一発でわかる「5段階利益管理」

1

売上は高いが利益は低い商品、売上は低いが利益は高い商品の見分け方

■「隠れコスト」が見える化され、利益体質になる「5段階利益管理」

私は資金なしで創業した。「失敗したらメシが食えなくなる」といつも震えていた。

売上が上がっても利益が出なければ会社はつぶれる。本当に儲かっているのか？　売上につながらないコストはないか？　最初から商品ごとにコストを一つひとつ計測していた。

これを長年続けた結果、**「ここを見ればわかる」**というポイントを発見した。

そこで始めたのが、独自の管理会計だった。これを**「5段階利益管理」**と呼ぶ。

5段階利益管理は、利益を商品・サービスごとに次の5段階で見える化する方法だ。

【利益①】売上総利益（粗利）
【利益②】純粗利（造語）
【利益③】販売利益（造語）
【利益④】ABC利益
【利益⑤】商品ごと営業利益

どんな業務にも潜む「隠れコスト」をあぶり出し、削減することで、会社を利益体質に変える。

メリットは、**対前月での利益の増減要因が一発でわかる**ことだ。

これは当社のようなネット事業を営む会社だけに有効だと思われるかもしれない。

だが、それは違う。**どの業種にも応用可能**だ。

事実、セミナーなどで5段階利益管理を知り、実践してみた他業種の人たちからも、「事業部ごとに5段階利益管理をやった結果、うまくいっている事業部と、そうでない事業部が赤裸々にわかった」

「これまで全商品の利益とコストをひとまとめに考えていた。商品別に算出したら黒字商品、赤字商品がはっきりして目からウロコだった」

といった感動の声が寄せられている。

コストには、利益に貢献するコストと貢献しないコストがある。

隠れたコストを段階別にあぶり出し、利益に貢献しないコスト・施策をやめることで利益率が高くなる。利益をきちんと管理しようとする人にはとても使いやすいツールだ。

■商品別に利益を確認する

まずは、売上からコストを引き、段階的に5つの利益を算出していこう。

図表16を見てほしい。

これは、ある会社の商品①、②、③の1か月の売上と利益をまとめた「**5段階利益管理表**」である。合計売上は1億円だ。

商品別に見ると、商品①の売上は6000万円、②は3000万円、③は1000万円だ。最も売上を上げている商品①は、実際に会社の利益に貢献しているのだろう

（万円）

	全商品計	商品①	商品②	商品③
売上	10,000	6,000	3,000	1,000
原価	5,600	3,500	1,800	300
利益①売上総利益（粗利）	4,400	2,500	1,200	700
売上総利益（粗利）率	44%	42%	40%	70%
注文連動費（カード決済手数料・送料・梱包資材・同封物・ノベルティ・付属品等の料金）	500	300	150	50
利益②純粗利	3,900	2,200	1,050	650
純粗利率	39%	37%	35%	65%
販促費（おもに広告費）	1,990	1,600	350	40
利益③販売利益	1,910	600	700	610
販売利益率	19%	10%	23%	61%
ABC（Activity-Based Costing）	190	50	120	20
利益④ABC利益	1,720	550	580	590
ABC利益率	17%	9%	19%	59%
運営費（家賃や間接業務の人件費等）	700	420	210	70
利益⑤商品ごと営業利益	1,020	130	370	520
商品ごと営業利益率	10%	2%	12%	52%

商品ごとの粗利（→利益①売上総利益（粗利））

注文ごとに必ずかかるコスト（→注文連動費）

粗利－注文連動費＝純粗利（造語）（→利益②純粗利）

純粗利－販促費＝販売利益（造語）（→利益③販売利益）

商品ごとの人件費（→ABC）

＊商品①の売上は6,000万円だが、それは販促費をかけているためであり、商品ごと営業利益は130万円と低い

＊商品③の売上は1,000万円だが粗利率は高く、販促費、ABCもあまりかかっていないので、商品ごと営業利益は520万円と高い

か。**図表16**の利益①～⑤を、**図表17～22**で一つずつ見ながら分析していこう。

■【利益①】売上総利益（粗利）

一つ目の利益が「**売上総利益（粗利）**」だ。

売上総利益（粗利）＝売上－原価

売上総利益（粗利）は、**売上から原価を引いて**求める。原価とは、商品の仕入れや製造をするときにかかった費用。**原価が利益に与える影響**を見る。**図表16**では、売上総利益（粗利）の合計は４４００万円。商品別の売上総利益（粗利）は、商品①が２５００万円、②が１２００万円、③が７００万円となる（**図表17**）。

全商品計 **売上1億円－原価5600万円＝売上総利益（粗利）4400万円**

＊売上総利益（粗利）率44％

商品① **売上6000万円－原価3500万円＝売上総利益（粗利）2500万円**

】売上総利益（粗

（万円

	全商品計	商品①	商品②	商品③
売上	10,000	6,000	3,000	1,000
原価	5,600	3,500	1,800	300
利益①売上総利益（粗利）	4,400	2,500	1,200	700
売上総利益（粗利）率	44%	42%	40%	70%

原価……売れた商品の仕入れや製造にかかった費用

売上総利益（粗利）率の変化と会社のアクション

☆売上総利益（粗利）率が前月より上がった→前月より「原価率」が下がった。原価率が下がった要因を分析し、他商品に応用できないか検討

★売上総利益（粗利）率が前月より下がった→前月より「原価率」が上がった。原価率が上がった要因（在庫処分、棚卸資産評価損、仕入れ値高騰等）を分析し、問題あれば対策を検討

＊売上総利益（粗利）率42％

商品② **売上3000万円－原価1800万円＝売上総利益（粗利）1200万円**

＊売上総利益（粗利）率40％

商品③ **売上1000万円－原価300万円＝売上総利益（粗利）700万円**

＊売上総利益（粗利）率70％

■【利益②】純粗利（造語）

2つ目の利益は「**純粗利**」である。「純粗利」は当社の造語だ。

純粗利＝売上総利益（粗利）－注文連動費

純粗利は、**売上総利益（粗利／利益①）から注文連動費を引いて**求める。

「注文連動費」も当社の造語だ。通販の場合、注文ごとに必ず発生するコストがある。カード決済手数料、送料、梱包資材、商品説明のための同封物、ノベルティ、スプーンなど付属品等の料金だ。B to Bの会社であっても、ハード商品などは必ず送料がかかったり、取扱商品によっては毎回保険料がかかったり、注文や受注ごとに何らかのコストが発生する。これらが利益に与える影響を見る。

商品ごとに割り振りにくい場合は、全社合計の注文連動費を商品売上比率で按分する。たとえば、複数商品を同時に購入した際のカード決済手数料などを注文ごとに商品に振り分けると大変なので、**カード決済手数料の総額を各商品の売上比率で配分し**たりする（図表18）。

全商品計 **売上総利益（粗利）4400万円－注文連動費500万円＝純粗利3900万円**

＊純粗利率39％

商品① **売上総利益（粗利）2500万円－注文連動費300万円＝純粗利2200万円**

＊純粗利率37％

商品② **売上総利益（粗利）1200万円－注文連動費150万円＝純粗利1050万円**

＊純粗利率35％

商品③ **売上総利益（粗利）700万円－注文連動費50万円＝純粗利650万円**

＊純粗利率65％

（万円

	全商品計	商品①	商品②	商品③
利益①売上総利益（粗利）	4,400	2,500	1,200	700
連動費（カード決済手数料・送料・梱 才・同封物・ノベルティ・付属品等の料金）	500	300	150	50
利益②純粗利	3,900	2,200	1,050	650
純粗利率	39%	37%	35%	65%

注文連動費……注文や受注ごとに必ず発生するコスト。カード決済手数料、送料、梱包資材、同封物、ノベルティ、付属品等の料金。商品ごとにどうしても割り振りにくいときは、全社合計の注文連動費を商品売上比率で按分する。ビジネスモデルがB to Bで注文連動費がかからないときは空欄でOK

純粗利率の変化と会社のアクション

利率が前月より上がった→売上に対してかかる「注文連動費」比率が前月より下か
。要因を分析し、他商品に応用できないか検討

利率が前月より下がった→売上に対してかかる「注文連動費」比率が前月より上か
。要因（送料無料キャンペーン、ノベルティ配布等）を分析し、理由によっては見直し
討

全商品の合計を確認したときに、「前月に比べて突然利益が減った」、もしくは「売上がのびているのに利益が増えていない」ことがあったとしよう。

そんなとき、特定の商品の「純粗利率」が、前月に比べて極端に下がっていることがある。

たとえば、販促で特定商品を「送料無料」にすると、送料分は自社負担するので注文連動費が増える。商品①の純粗利率が下がったのはなぜかと振り返ると、今月、商品①で送料無料キャンペーンをやった。だから、売上は上がったが、それ以上に送料が多くかかり、純粗利率が下がって利益は増えなかった。

売上ばかりを見ていると、こういった変化に気づけない。売上は増えたが、それ以上にコストが増えていることは多々ある。「○○をご注文いただいた際には××をプレゼントします」といったノベルティ配布等も要注意だ。

その他、決済方法や決済手数料によっても変わる。カード決済手数料が0・1％違うだけでも、純粗利は大きく変わる。

送料などは、梱包サイズによって変わるので、商品サイズが大きいと、「送料」という注文連動費は大きくなる。原価には含まれないが、注文に応じて発生するコストは見逃しがちなので、常にチェックしよう。

■【利益③】販売利益（造語）

3つ目の利益は「**販売利益**」だ。これも当社の造語である。

販売利益＝純粗利－販促費

販売利益は、**純粗利（利益②）から販促費（販売促進費）を引いて**求める。販促費をかければ当然売上は上がる。この販売利益が上がっていない場合、実は無駄な販促をしていることが多い。当社の場合、販促費はおもに広告費だ。販売利益によって**商品ごとに広告が利益に与える影響**を見る。

直接注文を取るためのレスポンス広告なら使用時に計上し、認知度やイメージアップのためのテレビCMなどの間接施策は、CM効果の有効期限を設定し、その期間で月ごとに等分で減価償却方式としている（図表19）。

全商品計 **純粗利3900万円－販促費1990万円＝販売利益1910万円**

＊販売利益率19％

商品① **純粗利2200万円－販促費1600万円＝販売利益600万円**

＊販売利益率10％

商品② **純粗利1050万円－販促費350万円＝販売利益700万円**

＊販売利益率23％

商品③ **純粗利650万円－販促費40万円＝販売利益610万円**

＊販売利益率61％

商品ごとに比較すると、最も売上が多い商品①が最も販売利益額が低くなっていることに気づく。

商品①は、商品②、③に比べ販促費を多くかけているから売上は上がっているが、利益には貢献していない。売上が大きいから利益が多くなるわけではない典型例だ。

また、前月に比べて全体の販売利益率が下がったとしよう。さて、何が起きているのだろう？

商品ごとに見比べてみると、商品②の販売利益率が前月より極端に下がっていると

（万円

	全商品計	商品①	商品②	商品③
利益②純粗利	3,900	2,200	1,050	650
販促費（おもに広告費）	1,990	1,600	350	40
利益③販売利益	1,910	600	700	610
販売利益率	19%	10%	23%	61%

販促費……広告、営業の人件費など受注を獲得するのにかかったコスト

販売利益率の変化と会社のアクション

☆販売利益率が前月より上がった→かけた販促費に対して、上がった売上の効率が前月に比べて改善した状態。販促費投資効率改善の要因を分析し、他商品にも応用できないか検討

★販売利益率が前月より下がった→かけた販促費に対して、上がった売上の効率が前月に比べて悪化した状態。販促費投資効率悪化の要因を分析し、理由によっては見直しが必要

する。

商品②の販売利益率が下がったのはなぜかと探ると、今月、商品②の広告を大量に打った。その分売上は上がったが、広告コストがかかって販売利益率が下がり、利益は増えなかった。

先行投資などで一時的に悪化しても、通年で見ると販促施策が利益につながる場合もあるので当月だけでは判断できないが、大切なのは、販促費が最終的に**「売上」ではなく「利益」**につながっているかだ。つながっていなければ、即やめるべきだ。


複数店舗の小売業や飲食店の場合は、商品ごとではなく、**店舗ごと**に5段階利益管理を実施してみるといい（**図表20**）。

店舗ビジネスなどは立地が売上を左右し、店舗自体が広告の役割を果たすので、店舗家賃を販促費に当てはめてみる。

販売利益に着目すると、「店舗①は売上は高いが、家賃が高いため販売利益が少ない」「店舗②は売上は低いが、家賃が安いため販売利益は多い」とわかる。

売上だけを求めると、立地のいいところに出店したくなるが、その分家賃は高い。郊外などの家賃が安いところに出店すれば、売上は低くても、販売利益は多くなる可

図表20 飲食店の5段階利益管理表

（万円）

	合計	店舗①	店舗②	店舗③
売上	2,200	1,200	800	200
原価（料理の原材料）	640	360	240	40
利益①売上総利益（粗利）	1,560	840	560	160
売上総利益（粗利）率	71%	70%	70%	80%
注文連動費（使い捨て容器、ショッピングモールなどの手数料、キャッシュレス決済手数料等）	100	60	30	10
利益②純粗利	1,460	780	530	150
純粗利率	66%	65%	66%	75%
販促費（店舗家賃、チラシ、広告費等）	520	400	100	20
利益③販売利益	940	380	430	130
販売利益率	43%	32%	54%	65%
ABC（Activity-Based Costing、店員の人件費等）	280	150	100	30
利益④ABC利益	660	230	330	100
ABC利益率	30%	19%	41%	50%
運営費（本部や間接業務の人件費等）	140	76	51	13
利益⑤店舗ごと営業利益	520	154	279	87
店舗ごと営業利益率	24%	13%	35%	44%

- 店舗①は、売上は最も高いが、一等地であるため家賃もかなり高く、店舗②より販売利益が少ない
- 店舗②は、売上は店舗①より少ないが、郊外であるため家賃が安く、最も販売利益が多い
- 店舗③は、他店より利益率の高いメニューが売れており、家賃も最も安いので最終的な営業利益率は高い。しかし、売上が低すぎ、店舗ごと営業利益（他では「商品ごと営業利益」だが、ここでは「店舗ごと営業利益」にしている）は他の2店に及ばない

能性もある。

■【利益④】ABC利益

4つ目の利益は「**ABC利益**」だ。

ABCとは、アクティビティ・ベースド・コスティング(Activity-Based Costing)の略。つまり**商品ごとの人件費**だ。

ABC利益=販売利益-ABC(商品ごとの人件費)

ABC利益は、**販売利益(利益③)からABC(商品ごとの人件費)を引いて**求める。商品・サービスの販売にかかる間接コスト(人件費)を使用比率に応じて配分することで、商品・サービスごとの収益を把握できる。

当社の場合、全社員に「商品にかかった時間」「それ以外の時間」の割合を月一回報告してもらう。

たとえば、「商品①に30%、商品②に20%、商品③に10%、それ以外に40%」などと報告してもらい、その社員の人件費をかけ合わせ、**商品ごとの人件費**を算出する。

受注処理や出荷など「きた仕事をそのまま受け、能動的に商品を選んで行動しない」という職種は、部署人件費を商品ごと売上比率で振り分ける（「それ以外」は後述の「運営費」に振り分ける）。

全商品計 **販売利益1910万円－ABC190万円＝ABC利益1720万円**

＊ABC利益率17％

商品① **販売利益600万円－ABC50万円＝ABC利益550万円**

＊ABC利益率9％

商品② **販売利益700万円－ABC120万円＝ABC利益580万円**

＊ABC利益率19％

商品③ **販売利益610万円－ABC20万円＝ABC利益590万円**

＊ABC利益率59％

この時点でABC利益のトップはどれだろう（**図表21**）。

商品②の販売利益は700万円、ABC利益は580万円。

(万円

	全商品計	商品①	商品②	商品③
利益③販売利益	1,910	600	700	610
ABC(Activity-Based Costing)	190	50	120	20
利益④ABC利益	1,720	550	580	590
ABC利益率	17%	9%	19%	59%

ABC……商品ごとの人件費。営業の人件費を販促費に入れた会社は、業務部門の人件費をここに入れる

ABC利益率の変化と会社のアクション

☆ABC利益率が前月より上がった→ 業務効率が前月より上がっている状態。業務効率改善の要因を分析し、他商品にも応用できないか検討

★ABC利益率が前月より下がった→ 業務効率が前月より下がっている状態。業務効率悪化の要因を分析し、理由によっては見直しが必要

商品③の販売利益は610万円、ABC利益は590万円。

商品③が商品②を逆転した。

売上は高いが、ABC利益率が低いことが稀《まれ》にある。それは社内で手間がかかっている商品だ。特にサービス業ではよくある。

商品①、②、③のABCを比較すると、商品②が120万円で最も高く、商品③が20万円と最も低い。

つまり商品②は社内の手間が最もかかっている。商品③のようにABCが低い商品は、**社内で話題にならない**傾向がある。

このように「売上が高く販促費もかかっていないが、社員の手間がかなり取られ、ABCが高いために利益が出ていない商品」や、「売上は低いがほったらかしでも勝手に売れるので、ABCがほとんどかからず、利益が多い商品」がある。

社内の手間がかかる商品や事業は、そのまま人件費のコスト増につながる。

ある大手航空会社が大型機を導入したとしよう。

航空ビジネスの場合、大型機のほうが一回の飛行で多くの乗客を乗せられるから、一回あたりの売上が大きい。だから、大手航空会社はこぞって大型機を導入する。

だが、ＡＢＣ利益に注目すると、**別の面**が見えてくる。

新型機の導入は、新しいメンテナンス方法をマスターしなければならないため、ＡＢＣが増える。大型機導入は、売上は増えるがＡＢＣも増えるため、売上が増えたからといって、利益がそのまま大きくなるわけではない。

一方、ＬＣＣ（格安航空会社）はなるべく少ない機種で回しているので、メンテナンスの手間が少なくＡＢＣが低い。だから、中小型機で一回の売上は低くても、ＡＢＣ利益が高い。

当社がＡＢＣを意識し始めたのは、北海道の特産品から健康食品、化粧品に移行する時期だ。北海道の特産品は商品数が多く、それぞれキャンペーンも行うため、商品ごとにかかる手間と生み出す利益に差があった。

オリゴ糖の健康食品は定期購入で、同じ商品を同じ人に何回も買っていただくため、かかる人数も手間も少なくてすむ。そこで**商品ごとのＡＢＣ**に注目した。

すると、北海道の特産品より健康食品、化粧品のほうが、圧倒的に**ＡＢＣ利益率**が高くなった。そこでＡＢＣ利益を継続的に管理することになった。

売るために手間がかかっている商品ほど社内で話題になる。一方、手間がかかっていない商品は話題にすらならない。

手間がかかっている＝ＡＢＣがかかっている
手間がかかっていない＝ＡＢＣがかかっていない

社内で話題になっていない商品は、ＡＢＣ利益率が高いことがある。**打合せで話題になる商品と利益が出ている商品は違う**のだ。

■【利益⑤】商品ごと営業利益

最後の５つ目の利益が「**商品ごと営業利益**」だ。

商品ごと営業利益＝ＡＢＣ利益−運営費

これは、**ＡＢＣ利益（利益④）から運営費を引いて**求める。運営費は、オフィス家**賃や間接業務の人件費**などだ。**「販管費」から「注文連動費」「販促費」「ＡＢＣ」を引いたもの**になる。

運営費＝販管費−注文連動費−販促費−ＡＢＣ

運営費は、正確に商品ごとに割り振るのは難しいので、**運営費総額を商品売上比率で按分**する。こうして商品ごとの営業利益がわかる（図表22）。

全商品計　**ABC利益1720万円－運営費700万円＝商品ごと営業利益1020万円**

＊商品ごと営業利益率10％

商品①　**ABC利益550万円－運営費420万円＝商品ごと営業利益130万円**

商品②　**ABC利益580万円－運営費210万円＝商品ごと営業利益370万円**

商品③　**ABC利益590万円－運営費70万円＝商品ごと営業利益520万円**

こうして見ると、利益に貢献する商品、そうでない商品が一目瞭然になる。

◎商品①　売上6000万円　商品ごと営業利益130万円

＊商品ごと営業利益率2％

◎商品②　売上3000万円　商品ごと営業利益370万円

＊商品ごと営業利益率12％

◎商品③　売上1000万円　商品ごと営業利益520万円

＊商品ごと営業利益率52％

（万円

	全商品計	商品①	商品②	商品③
利益④ABC利益	1,720	550	580	590
運営費（家賃や間接業務の人件費等）	700	420	210	70
利益⑤商品ごと営業利益	1,020	130	370	520
商品ごと営業利益率	10%	2%	12%	52%

運営費……家賃や間接業務の人件費等

運営費＝「販管費」－「注文連動費」－「販促費」－「ABC」

◎運営費は固定費に近いコストであり、固定費はほぼ売上規模に応じて増えてくるため、「全体の運営費」を各商品ごとの売上に応じて按分する

◎月次の営業利益率の上下は運営費の上下よりも、その前段階の「売上」「売上総利益（粗利）」「純粗利」「販売利益」「ABC利益」による部分が大きい。よって、まず商品ごとの「営業利益率」を前月比較して上下がある商品を特定し、その商品の「売上総利益（粗利）率」「純粗利率」「販売利益率」「ABC利益率」のどこに要因があるかを分析する

ここまで挙げた5つの利益のシェア、つまり**「①売上総利益（粗利）率」「②純粗利率」「③販売利益率」「④ABC利益率」「⑤商品ごと営業利益率」**に着目すると、極端に利益率が低いところがある。

もう一度、**図表16**（105ページ）を見てほしい。

商品①は、売上は一番高いが、販売利益率が低く、商品ごと営業利益は少ない。

商品②は、最もABC（商品ごとの人件費）がかかっている。

商品③は、売上は一番低いが、売上総利益（粗利）率が高く、販促費は低い。ABCも低いので社内の手間がかかっていない。実は**利益を最も出している最優良商品**である。

このように、利益を「商品ごと」に5段階で見える化することで、「売上は上がっているが、利益は出ていない商品」「売上は低いが、実は利益が出ている商品」などが一目でわかる。

また、月次で比較しながら見ることで、利益額や利益率が下がったとき、**「どの商品のどの段階」に問題があるかが一目瞭然**なので、どんな手を打てばいいかがすぐわかる。

まさにあなたの会社の弱点が一発でわかるのだ。

また、弱点がわかるだけではなく、「**強み**」もわかる。

「手間やコストがかかっていないが利益の多い商品」の特徴を分析し、その要因を**新商品開発**や**新規事業開発**に活かすのだ。

これにより、今までよりも**少ない手間やコストで利益を増やしていける**ようになる。

こうやって会社を**効率経営**に変えていくのだ。

2

5段階利益管理の導入法

■利益の分類はどうするか

5段階利益管理は、**どんな業種でも使える。**導入の大まかな流れは以下のとおりだ。

①利益の分類方法を決める
②5段階利益管理の経費項目を決める
③経営者が率先して導入し、月次で共有する

まず、①利益の分類方法から説明する。

図表16（105ページ）では商品ごとに利益を分析したが、**図表20**（116ページ）のように、店舗ごとでもいいし、メニューごとでもいい。もちろん複数の5段階利益管理を行ってもいい。当社は**商品ベースと出店しているネットショッピングモールベース**でもやっている。

たとえば、「楽天」「アマゾン」「自社サイト」という分類もできる。

アマゾンは、受注処理から物流までを全部代行してくれる。するとABC（商品ごとの人件費）があまりかからない。自社サイトで販売するときよりABC利益率は高くなるだろう。

当社は最近、地元のFMラジオ局を買収した。

経営改善のために、同社の「番組ごと」で5段階利益管理表をつくってみた。

課題は一発で見えた。「看板番組」「人気番組」が赤字だったのだ。

看板番組や人気番組だからこそ、他の番組よりも製作費（原価）を多額にかけており、ABCも他番組より多くかかっている。

しかし、それに見合うほどのCM広告収入増加が伴っておらず、ABC利益の段階で赤字だった。つまり、その看板番組をやめるだけで利益が増えるのだ。

ただ、さすがに短絡的にそうはできないので、早急にCM広告収入に応じた製作費やABCを下げるか、営業強化でその番組のCM広告収入を増やす必要がある。

「経営改善」において、**「どこから手をつけるか」を一目で把握するのに、5段階利益管理は非常に有効**である。

営業系の会社などは、商品ごとはもちろん、**クライアントごとの5段階利益管理**をするといい。

取引額が大きいクライアントなどは値引き要求も強く、取引額のわりに売上総利益（粗利）が低い場合も多々あるだろう。

また、営業関連の人件費を「販促費」に割り振ることで、「やたら営業マンの手を取られる販売利益が低いクライアント」などがあぶり出される。

取引額の多いクライアントは担当営業マンだけでなく、営業アシスタントの手間、人件費の高い営業部長の表敬訪問など、営業の人件費が多くかかっている場合も多い。自社の営業関連の社員が多く関わっており、社内でもよく話題に出るクライアントよりも、ほったらかしで、営業マンがほとんど訪問していないクライアントのほうが利益につながっている場合もある。

図表23のクライアント①は、売上は最も多いが実は赤字で、この大口クライアントと取引をやめるほうが利益は増える。

■5段階利益管理の経費項目を決める

売上からコストを引いて商品ごと営業利益を導くまでに、**原価、注文連動費、販促費、ABC、運営費**に自社のどの経費を当てはめるか。

どの項目にどの経費を入れるかがポイントになるので、一度やってしっくりこなければ随時見直しを行う。

特に注文連動費、販促費、ABCは業種業態によって入れ方に工夫が必要だろう。

①注文連動費

物販を行う会社は必ずかかるが、B to Bの会社はかからないこともある。その場合は空欄でいい。

当社の場合、**注文を受けた瞬間に計上**される。商品に同封する説明書、梱包資材を

図表23｜営業系の会社の5段階利益管理

（万円）

	合計	クライアント①	クライアント②	クライアント③
売上	16,000	8,000	5,000	3,000
原価	12,000	7,000	3,500	1,500
利益①売上総利益（粗利）	4,000	1,000	1,500	1,500
売上総利益（粗利）率	25%	13%	30%	50%
注文連動費（納品時の配送料、オプションのサービス品等の料金）	800	400	250	150
利益②純粗利	3,200	600	1,250	1,350
純粗利率	20%	8%	25%	45%
販促費（営業関連人件費、広告費、販促物等の料金）	550	400	100	50
利益③販売利益	2,650	200	1,150	1,300
販売利益率	17%	3%	23%	43%
ABC（Activity-Based Costing、業務部門の人件費等）	400	250	100	50
利益④ABC利益	2,250	−50	1,050	1,250
ABC利益率	14%	−1%	21%	42%
運営費（家賃や間接業務の人件費等）	1,400	700	437.5	262.5
利益⑤クライアントごと営業利益	850	−750	612.5	987.5
クライアントごと営業利益率	5%	−9%	12%	33%

- クライアント①との取引は、売上は最も大きいが、値引き率が高く、「売上総利益（粗利）率」が最も低い。また、担当営業マンだけでなく、営業アシスタント、営業部長の訪問など手間が多くかかっており、「販売利益率」が最も低い。また、販売利益率が低いだけでなく、売上総額が大きいため、ABCや運営費といった固定費が多額にかかっており、営業利益では赤字である
- クライアント③との取引は、最も売上は少ないが、ほぼ定価で納品できており、「売上総利益（粗利）率」が高い。注文連動費、販促費、ABCもあまりかかっておらず、最も営業利益が多く残る
- クライアント②はその中間である

この会社の場合、クライアント①との取引をしていなければ、売上は1億6,000万円から8,000万円に半減するが、合計営業利益は850万円が1,600万円と2倍弱になっていた

在庫として持ち、売上が上がったときに原価として計上される。また、注文が入ったら必ず決済手数料を支払う。代引手数料、カード決済手数料などだ。

ある会社は、人気アニメのノベルティをつけて売上を上げることに成功した。しかし、利益は上がらなかった。注文連動費を見ると、ノベルティのコストが高すぎた。

別の会社では、社長が梱包資材にこだわって、美しすぎる化粧箱を仕上げた。お客様の評判はよかったが、注文連動費がかさんで利益が上がりにくい。

梱包は商品サイズによって送料が変わる。ある会社の人気商品を通販で売ってほしいと頼まれたことがあった。だが、製品サイズが大きく送料が高くなるので、注文連動費が高くなりすぎて断念した。日本郵便や各宅配便業者には規格があり、製品サイズに応じた送料がかかる。だから、当社では「幅△センチ以内なら□円、それ以上大きくなると送料が上がる」という規格に合わせて商品サイズを決めている。送料が高い商品の「純粗利率」は悪くなることに注意しよう。

② 販促費

販促費は**売上獲得にかかる費用**と考える。

ネット通販の場合、販促費はおもに広告だ。B to Bの営業を行っている会社では営業部門の人件費を**販促費**に、受注後に納品のためにかかる業務部門の人件費をABCに置き換えると実態がつかめる。

販促費をかければ売上は上がる。ネット通販の場合、広告費をかければ売上は上がり、B to Bの会社の場合、社員総出で時間をかけて営業すれば売上は確実に上がる。ただし、その分販促費がかかるので利益は少なくなる。

③ ABC

人海戦術でやっている会社は人件費がかかる。

たとえば、ソフトウェア業界の原価管理のポイントは人件費だ。一人の社員が複数のソフト開発に関わっている場合もあるため、社員が自分の時間をどの案件に何％費やしていましたと、月一回報告を行う。その社員の人件費をかかった時間の割合ごとに、各ソフトウェアの原価に入れる。そうすれば、ソフトウェアが売れても、人件費がかかりすぎていて利益が出ないとわかる。

飲食店でメニューごとの売上があれば、調理にかかる時間からABCを算出できる。このメニューの売上は高いが、調理に時間と手間がかかるため、利益率が低い場合がある。注目するのは、**自社で盲点となりやすいポイント**を意識することが大切だ。

■経営者が率先して導入し、月次で共有する

5段階利益管理は社員に丸投げしてはいけない。経営者自らやるべきだ。中小企業なら社長がやる。大企業では実務は経理担当者に任せても、社長は月次決算の結果を常に見て、会議で自ら話す。自社が利益体質になるよう日々改善するのだ。前月と比較して営業利益がのびていないときに、どこに原因があるのか、前月分と今月分を徹底比較する。

たとえば、営業利益がのびていない原因が、広告費（販促費）がかかりすぎている、送料無料キャンペーンを行っている（注文連動費）などとわかる。

これらの施策が次月以降の利益上昇につながる可能性はある。しかし、現時点では売上は上がったが、利益は下がっており、まだ喜べる段階ではない、などと考える。

次章からは、施策と利益の関係性を見ながら、会社を利益体質にしていく方法をお伝えしていこう。これ以降の章の流れは**図表24**のようになる。あなたが最も課題と感じるところから読み始めてもらってもいいだろう。

図表24｜5段階利益管理の各利益と章の対応

経営戦略	→**第4章：商品戦略**（「小さい市場（お客様の悩みを解消する）、高品質な商品」を） →**第5章：販売戦略**（「ほしい人にだけ届ける」） →**第6章：顧客戦略**（「繰り返し買っていただく」） →**第8章：経営×マーケティング戦略**
売上	
経費①原価 **利益①売上総利益（粗利）**	→**第4章：商品戦略**（小さい市場、高品質、ロングセラーを狙う）
経費②注文連動費 **利益②純粗利**	→**第4章：商品戦略**（注文連動費のかからない商品開発） →**第7章：人材戦略**（社員の利益意識を高めて注文連動費を削減）
経費③販促費 **利益③販売利益**	→**第5章：販売戦略**（ほしい人にだけ届ける営業戦略、利益につながらない営業はやめる） →**第6章：顧客戦略**（「演歌の戦略」でお客様と一生おつき合い、リピート率アップで新規顧客獲得費用を削減）
経費④ABC **利益④ABC利益**	→**第7章：人材戦略**（業務の流れを分析した適材適所の人材配置、お客様と一生おつき合いする体制、社員の利益意識を高めてABCを削減）
経費⑤運営費 **利益⑤商品ごと営業利益**	→**第7章：人材戦略**（業務の流れを分析した適材適所の人材配置、社員の利益意識を高めて運営費を削減）

第4章

小さい市場で圧勝する商品戦略

1

品質重視、ロングセラーを狙う商品開発

■ビジネスモデルを「特産品」から「健康食品」に変えた理由

当社の取扱商品は、健康食品、化粧品など、ほぼ1か月で使い終わるものだ。だからお客様に気に入ってもらえれば、毎月購入していただける。高品質商品でロングセラーを狙うビジネスモデルなので、定期購入による売上比率は約7割。これが利益を生み出す源泉になっている。なぜか。

同じ製品を生産すればするほど品質は向上し、コストは低下。原価は安くなる。定期購入してもらえるということは、新規開拓にかかるコストが必要ないということだ。

よって販促費が安くなる。5段階利益管理の経費項目**「原価」と「販促費」**の2つが下がり、利益率が上がる。

このビジネスモデル誕生のきっかけとなったのは、ある健康食品だった。

当社は、北海道の特産品を仕入れてネット通販を行っていたが、しばらくすると地元企業から「うちの商品も扱ってほしい」という声が増えた。

あるとき「オリゴ糖でつくられた健康食品を扱ってほしい」と依頼があった。胃腸の働きを助け、便通がよくなるという。

オリゴ糖がなぜ北海道の特産品なのか。簡単に説明しよう。

砂糖の原料は、サトウキビかテンサイだ。サトウキビは知られているが、テンサイは聞き慣れないかもしれない。テンサイは、ヒユ科アカザ亜科フダンソウ属の植物で、別名「サトウダイコン」。根を搾った汁を煮詰めると砂糖ができる。

テンサイは日本では北海道でしか栽培されていない。テンサイから砂糖をつくるときに副産物としてオリゴ糖が生まれる。

オリゴ糖でつくられた健康食品を、北海道の特産品として売らないかという依頼がきたとき、私はいったんお断りした。カニやメロンを求めているお客様に、便通改善に効果のある健康食品は売れないだろうと思ったからだ。

それでも相手の営業マンは熱心だった。

「とにかく一度試してください」

「試してもいいですが、うちの通販サイトでは販売できません」

「3日間だけ試していただければわかると思います」

根負けして健康食品を預かった。ただ、私自身は便秘ではなかったので、便秘ぎみだった社員2人に試してもらった。すると、

「社長、びっくりしました！」

「え？」

効果はてきめんだった。

「これまで便秘薬を飲んだときに、おなかが痛くなることがあったんです。それが一切なく自然にお通じがありました。これはすごいです！」

そうは言っても、グルメサイトで便通改善に効果のある健康食品が売れるだろうか。考えに考えた末、一連のエピソードをそのままお客様に伝えることにした。

「オリゴ糖でつくられた健康食品を扱ってほしいと言われました」から始まる一部始終をメルマガに書き、お客様に送ったのだ。

■「長年の苦痛から解放される喜び」に大反響

すると驚いたことにドカンと注文がきた。想像以上に便通に悩む人は多かった。既存客の女性の約4割が便通で悩んでいたのだ。

「20年来の悩みが数日で解決し、感謝の言葉もありません」

「これまでの苦痛が嘘のようです。わずか3日間で生まれ変わったようです」

お礼のメールの熱量に心が震えた。

カニやメロンにも「おいしかった」という声をたくさんいただいたが、便通改善の喜びの声は桁違いだった。

「悩みが解決した喜びとは、こんなに大きいものなのか」

最高においしいものを食べる喜び。**長年の苦痛が一瞬で解消される喜び**。インパクトが大きいのは後者だった。

これがきっかけとなり、**悩み解決型の美容・健康食品**の自社開発に注力するようになった。

■基本方針に「新規事業、新商品開発を行うときは必ずGDPが上がること」と書き込む

私はお客様の悩みを解決する新しい商品をつくりたいと思った。競合と争うのではなく、今までになかった新しいものや市場をつくりたいという気持ちは、社会人として初めて勤務したリクルート時代からあった。

ある会社に100万円の求人広告を出してもらおうと営業すると、必ず競合が現れた。私が受注しても、競合の営業が受注しても100万円の仕事だ。大きく見ればGDP（国内総生産）は変わらない。そこにパワーを割きたくない。今までになかった新しいものを世に生み出すことに力を注ぎたい。

日に日にそんな想いがこみ上げてきた。

「北の達人」の基本方針に次のメッセージがある。

「新規事業、新商品開発を行うときは必ずGDPが上がること」

2匹目のドジョウは狙わない。他社のヒット商品をマネることは絶対しない。競合

からお客様を奪わない。新しく市場をつくる仕事しかしない。

オリゴ糖からつくった健康食品はとてもよい商品だった。だが、それはたまたま出合えただけだった。

その後、様々な健康食品を取り寄せ、同じように社員が試してみた。しかし、納得できるものには出合えなかった。

そこで**自分たちで開発**することにした。

自社で企画し、OEM〈相手先〈委託先〉ブランド製造〉受託企業に試作品をつくってもらう。**「びっくりするほどよいもの」ができたら発売**する。それが悩み解決型の美容・健康食品を取り扱う「北の快適工房」のはじまりだ。

北海道の特産品の**ネット通販が本業、「北の快適工房」は副業**としてスタートした。

これまで開発したおもな商品は、便通の悩みを解消する健康食品「カイテキオリゴ」（2006年）、目の下の悩みに塗るアイクリーム「アイキララ」（2015年）、小ジワの悩みのためのヒアルロン酸化粧品「ヒアロディープパッチ」（2016年）、手が老けて見える悩みのためのハンドケアクリーム「ハンドピュレナ」（2018年）など。

これらはすべて「悩み」をテーマにつくられている。

なかでも「ヒアロディープパッチ」は、ヒアルロン酸などの美容成分を固めて極小の針にして皮膚に直接刺し、美容成分を浸透させる「**刺す化粧品**」として注目された。「マイクロニードル化粧品市場」で売上世界一となり、2020年9月にギネス記録の認定を受けた。

こうしたヒット商品開発の舞台裏をこっそりお話ししよう。

■小さな市場で圧勝する戦略

商品開発は「お客様の悩み」から始まる。

ここには小さなマーケットで勝負する狙いがあった。

大手が参入するには小さすぎる市場を切り拓き、中小にはマネできない高品質の商品を投入する。私の感覚では、大手企業は20億円以下のマーケットには参入してこない。つまり、**小さな市場で圧勝する戦略**だ。

小さな市場を切り拓くヒントが「**お客様の悩み**」だ。社内の企画会議ではどんな悩みがあるかを話し合う。

たとえば、年を重ねると目の下がだるんとしてくる。だるんとした状態をそのままにしておくと、老け顔になる。この悩みを解決する商品ができないかを考え、「目の下の悩み解消市場」を設定する。

次に、悩みを解消する商品形態を考える。

たとえば、カシス成分が血流をさかんにし、皮膚にハリを与えて悩みの解消につながるサプリメント、あるいはジェル状の美容液。様々なサンプルをつくってモニター調査をした結果、最も評価が高かったのがクリームで、「アイキララ」という商品が完成した。

このように最初から商品形態は決めていない。**悩みを解決するなら商品形態は問わない。**

このケースでは、目の下の悩みを解消するために、健康食品、ジェル、クリームなどをつくり、結果的にクリームが商品化された。世間ではこの手の商品が「アイクリーム」と呼ばれていることを後から知った。

一見すると、アイクリームは化粧品メーカーも製造しているから大手と競合するように見える。しかし、実際は**「目の下の悩み解消市場」**という従来なかったニッチ市場の製品なので大手メーカーとは競合しない。

化粧品メーカーは商品ラインナップを組んでいる。クレンジング、洗顔料、化粧水、乳液、美容液などだ。私たちは商品ラインナップを組んでいるわけではない。大手メーカーの化粧品を使っている人に「うちの化粧品に切り替えませんか」と提案するわけでもない。現状の化粧品を使いながら、「〝目の下のだるん〟に悩んでいるなら、このクリームも併用しませんか」と提案する。

足の爪が変色する、ボロボロになる悩みのためのジェルは月間で1億円前後、年間で10億円以上売れた。化粧品メーカーの人には「よく化粧品でこの悩みを解消しようと思いましたね」と驚かれた。

だが、化粧品で悩みを解消させようと最初から考えていたわけではない。**悩みを解決する商品を開発していたら、結果的に化粧品**になった。場合によっては「洗剤」という形になったものもあった。

こうした商品は、ジャンル名では検索されない。

たとえば「ハンドクリーム」と検索した人は、当社の「手の甲の血管が浮き出る悩み」のための商品は絶対買わないだろう。ハンドクリームの平均価格は１５００円程度だが、手の甲の血管用クリームは３２６７円（税込）もするので、ハンドクリームがほしい人は買わない。

一方、「手の甲」「血管」と検索した人であれば買う可能性がある。悩みを解決する商品がそのまま市場になっている。

それは「目の下」「たるみ用」「爪」「ボロボロ」も同様だ。当時はキーワードから逆算して商品を開発していた。検索している人数の多いキーワードから「お客様の悩み」を考え、競合商品が存在しないときに商品企画をスタートした。

■「品質」に集中する理由

売れる商品には理由がある。商品自体の品質、品名、デザイン、販促、価格、アフターフォローなどだ。

「北の快適工房」を始めた初期段階で、「この要素をすべて網羅するのは無理だ」と感じ、**品質**に注力することにした。ここにヒトとカネを集中させ、他の中小企業ではマネできない品質を実現しようと思った。

品質はリピート率に影響する。売れ続ける商品こそ高利益を生む。

なかでも、**「生活者の観点での品質」**に細心の注意を払った。企業は商品を開発するとき、どうしても生産者目線で「よし悪し」を語ってしまう。その結果、生活者の観点を見落とす。中身のよし悪しと使い勝手は別だ。商品は「**使えてなんぼ**」なのだ。

私たちが幸運だったのは、オリゴ糖からできた健康食品の原体験だ。自分たちが使ってみてよかったから、お客様に自信を持って勧められたし、多くのお客様に喜んでいただけた。「社長、自然にお通じがありました。これはすごい！」という社員の声があったから、「20年来の悩みが数日で解決し、感謝の言葉もありません」というお客様の声につながった。

だから今でも、商品品質の最終判断は、メーカー任せ、モニター任せにしない。試作品完成後は、モニター調査を3か月かけて行うが、**最後は全社員、全役員が自分たちで使って判断**する。

「生活者の観点での品質」を評価する750項目

商品の「よし悪し」を決めるには判断基準が必要だ。

お客様の使用前、使用段階における品質の概念を設定し、独自に**750の評価項目**をつくった（その一例が**図表25**）。お問合せやクレームが入るたびに社内で共有し、評価項目が次第に増えていった。

図表25｜750の評価項目の一例

番号	チェック	テスト項目	実施内容・実施条件	確認対象	チェックポイント	結果	結果詳細	実施日	確認者
1	□	耐熱検証試験	30℃20時間→50℃4時間のサイクル環境下に5日間保管した際に、商品の品質に異常がないかを確認する	容器・包装	色に異変がないか				
2	□				外観に異変がないか				
3	□				強度に異変がないか				
4	□				その他の異変がないか				
5	□			内容物	取り出しやすさに異変がないか				
6	□				色に異変がないか				
7	□				形に異変がないか				
8	□				匂いに異変がないか				
9	□				テクスチャーに異変がないか				
10	□				味に異変がないか				
11	□				使用感に異変がないか				
12	□				効果に異変がないか				
13	□				その他の異変がないか				
14	□	耐寒検証試験	(冷凍24時間→常温24時間)×2サイクル環境下に4日間保管した際に、商品の品質に異常がないかを確認する	容器・包装	色に異変がないか				
15	□				外観に異変がないか				
16	□				強度に異変がないか				
17	□				その他の異変がないか				
18	□			内容物	取り出しやすさに異変がないか				
19	□				色に異変がないか				
20	□				形に異変がないか				
21	□				匂いに異変がないか				
22	□				テクスチャーに異変がないか				
23	□				味に異変がないか				
24	□				使用感に異変がないか				
25	□				効果に異変がないか				
26	□				その他の異変がないか				
27	□			外装箱(1個梱包品)	破損がないか				
28	□				汚れがないか				
29	□				スレがないか				
30	□				変形がないか				

いくつかの項目について紹介しよう。

たとえば、配送による品質変化のチェック項目。出発するのは気温の低い北海道の自社倉庫。真冬なら氷点下の環境に商品が置かれる。それが本州、四国、九州・沖縄に配送され、気温の高い場所に置かれることになる。北海道の年間平均気温は9・8℃、東京は16・5℃（2019年、気象庁）。商品を真夏の宅配ポストに長時間放置されることも考えると、温度変化によって商品の品質が変わってはいけない。また、配送過程では箱が投げられる可能性もある。

そこで発売前に全国各地に商品を送り、それを北海道の自社に戻し、容器・包装、内容物や同封印刷物に変化がないかを確認する。変化があった場合は、商品づくりからやり直したり、梱包の仕方を工夫したりする。

実際に使ってみないとわからないこともある。「二十年ほいっぷ」という肌のくすみの悩みを解消する洗顔クリームを開発したときのこと。洗顔クリームは人によって置く場所が異なる。洗面所に置く人もいれば、浴室に置く人もいる。洗面所と浴室では温度も湿度も違う。それがクリームの弾力性に影響する。だが、当時、私はそのことに気づいていなかった。

使用説明書に「一回にこれくらいの量を出してください」という写真を掲載した。

すると社員の一人がこう言った。

「この写真、なんか違うなあ。私が使っているのは、もっとやわらかい感じです」

写真は常温で保管したクリームを撮影したものだった。だが、浴室に置いて温度が高くなると質感が変わる。そこで写真とともに、品質に関してより詳しい説明に変えた。

徹底的な落下テストで破損原因を追及

「アイキララ」という「目の下の悩み」のためのクリームは、注射器に似た形の容器に入っており、後部を押してクリームを出す。ところが数人のお客様から、

「突然、クリームが出なくなった」

というクレームが入った。ヒアリングすると、「使っていると、途中から出なくなった」「落としてしまってから出なくなった」とのことで「最初から出なかったわけではない」という点が共通していた。

「落ちたときに、どこかの部品が外れたり壊れたりしたのかもしれない」

お客様から不具合が生じた商品を送ってもらい、調べた。容器を分解してみると、

内側のネジが外れており、それでクリームが押し出せなくなっていた。ＯＥＭの容器メーカーに問い合わせたが、「そんな話は今まで聞いたことがない」と言う。

自分たちで調べるしかない。

ネジが外れた原因を探るため、商品部の社員が会議室に集まり、テストした。最初は空の容器をいろいろな方法で落とした。容器を分解して、どの部品がどう動くのかを確認しながら、高さを変えて落下させた。お客様の使用状況を想像しながら、マット、フローリング、コンクリートなど、床面の質を変えて落としてみた。

だが、いずれの場合もネジは外れない。

「容器が空っぽだからじゃないですか」

そこで水を入れて落とした。それでもネジは外れなかった。

「クリームの入った実物を落としてみましょう」

しかし、ネジは外れなかった。角度を変えて落とした。

「あっ！」

ネジが外れた。クリームの入った状態で床面に垂直に落ちたときに、衝撃が容器全体に伝わり、脂分でネジが回転して外れた。会議室に「わっ」と歓声が上がった。

容器メーカーは空の状態でテストする。

だが、商品には液体、クリーム、ジェルなどが入り、それぞれ成分は異なる。**商品は完成形でテストしないと意味がない**と実感した。

容器メーカーは「おたく以外からそのような報告は受けていない」と言ったが、それはOEM業界の実態を反映した言葉だと後からわかった。

OEMメーカーのクライアントに、当社のようなロングセラー主義の会社は少ない。多くの会社は、ブームを察知して商品をつくり、それを売り切って終わり。ヒットするケースもあるが、まったく売れずに在庫を抱えるケースもある。基本的には一回つくって終わり。再生産しないと決めれば、仮にクレームが数件きても、OEMメーカーには言わないだろう。

だが、私たちは同じ商品を長く売るため、問題があれば改善していく。

当社の商品を受託していたOEMメーカーから転職してきた人が何人かいる。その人たちがこんなことを言った。

「OEMの現場では『つくって納品して終わり』が普通でした。『北の達人』からは何回も同じ商品の発注がきて、不思議に思っていました。自分のつくった商品が全国のお客様に愛されていることがわかり、転職を決意しました」

■当社基準でNGなら発売中止

こうした経験を繰り返しながら、「生活者の観点」のテスト項目は増えていった。たとえば、容器チューブのフタを締めるとき、どの程度まで締めるとお客様が開けにくくなるのか、どの程度だと外れやすいのか。トルクメーターで測定して確認する。

1回目の納品と2回目以降の納品で、品質が変わっていないかを確認する。クリーム状の製品は、粘度や硬度を計測機器を買って調べる。

なぜそこまで徹底するのか。それは、製造工程に関係する。

化粧品やクリームは大きな釜で熱を加えて加工する。

同じ成分を10リットルの釜で加工し、商品ができた。その後、注文量が増えたため、40リットルの釜に変えた。理論上はまったく同じ製品ができるはずだが、釜の中心部には熱が伝わりにくいため、釜の中心部でできたものは質感（特に粘度など）が変わる可能性があるからだ。

最初に「ねばりの度合」を粘度計で確認する。さらに粘度が同じでも、触った感触、肌に触れたときの感触が違うことがある。

日本の化粧品製造の基準では、粘度だけがチェックされるが、化粧品を使うお客様の立場で考えたらどうなるか。気に入って再注文したのに、クリームの質感が違えば不満だ。だから当社は**硬度**もチェックする。OEMメーカー、外注検査機関が「問題なし」と判断しても、**当社基準でNGの場合は発売を中止**する。

当初、OEMメーカーは当社の要望の高さ、細かさに拒否反応を示すことが多かった。ただ、そこは「こだわりの日本企業」の誇れるところで、途中からは「私たちも本当はここまでこだわった商品づくりをしたかった」と言って、協力体制に変わっていった。

全役員・従業員で1か月使って最終チェック

試作品ができたら、まず全国のモニターに、社名、商品名などを隠した状態で試してもらう。2~3か月使ってもらい、効果を実感したかを調査する。**7割以上の人が効果を実感したときに商品化**を検討する。

モニター試験をクリアしたら、商品化に進み、最終的に全役員、従業員で実際に1か月使い続け、見落としがないか最終チェックする。

商品に同封する説明書を見ながら、初めて見た人がそれを読んで、そのとおりに使えるかを確認する。風呂場に放置しても品質は安定しているか、肌のトラブルや体調不良がないか、使用する際に不便なところはないか、説明書はわかりやすいかなどをチェックする。

基本は**「びっくりするほどよいものができた」場合だけ発売**する。ボツになると全部つくり直す。実際に発売される商品は、開発案件のわずか**2%**。3年間試作品をつくり続けて最終的にあきらめた商品もかなりあった。

本業では北海道の特産品を扱っていた会社が、**副業として始めたから品質にこだわることができた。よいものができたら売るし、できなかったら売らない。ここは絶対のルール**だ。

だから商品開発には時間がかかる。2、3年くらいかかるものもある。流行は追いかけない。社の方針として、数か月で商品を開発して販売することはしない。

それによってたくさんの機会ロスをしていることはわかっているが、商品の品質に妥協するくらいなら、商売をやめたほうがいいと思っている。

2

サブスクリプション（定期購入）を促す秘策

■効果を感じない盲点は「使い方」にあり

サブスクリプション（定期購入、以下サブスク）は利益の源だと、事業をやっている人なら誰でもわかっている。だが、定期的にお客様を獲得するのは至難の業《わざ》だ。営業活動、広告など労力とコストもかかる。5段階利益管理の経費項目では、おもに「**販促費**」がこれに当たる。

一般的に、新規顧客を獲得するコストは、既存顧客の5倍かかるといわれている。新規顧客は獲得コストが高いにもかかわらず、利益率は低い。よって新規顧客の獲得以上に、既存顧客の維持が重要なのだ。既存顧客は中長期的に商品を購入し続ける生涯顧客となる可能性が高い。企業に対してのロイヤリティが高い顧客ほど、時間の経過とともに大きな利益をもたらす。

リピートされるかどうかは顧客満足度にかかっている。

顧客満足度は商品の品質に比例するが、**一つだけ盲点**がある。

それはお客様が「**使い方を間違えている**」場合だ。

よい商品をつくって送ればいいというわけではない。どんなによい商品でも、正しく使用しないと効果は得られず、お客様に満足してもらえない。

そこで当社は商品に同封する「使い方マニュアル」の作成に力を入れている。

男性は女性と違って化粧品を使った経験が少ない。シワの悩みを解消する化粧品クリームを塗り薬だと勘違いする人もいる。

シワは「傷」ではなく老化だ。切り傷や擦り傷は基本的に元に戻ろう（傷口をふさごう）とする自己修復能力が働き、薬を塗ることで修復が促進されるが、シワは傷ではないので、自己修復機能はない。よって、化粧品クリームを塗ってもすぐに元には戻らない。人間の肌は新陳代謝で28〜50日ほどかけて生まれ変わるので、基本的には新しい肌が生まれ変わるときに効果を発揮する。よってケガは薬をつければ数日で治るが、化粧品クリームの効果を実感するには、少なくとも1～3か月かかる（商品によっては即効性のものもある）。

多くの男性はそんなことは知らない。だから男性用商品には基礎的なことをしっかり解説する。

「使い方マニュアル」は全役員、全社員の厳しい目でチェックする。頭を空にして説明どおりに商品を使ってみて、問題がないかみんなで確認する。

こうして商品が完成するが、お客様から問合せをいただき、十分に伝わっていないと気づくこともある。たとえば「顔のこの部分に貼りつけてください」と写真を示しながら解説してあるが、写真がアップになりすぎ、貼りつけ場所が特定しにくいケースがあった。

お客様の声を大切にしながら、「使い方マニュアル」を日々ブラッシュアップしている。

■知識ゼロを逆手に取ったマニュアルづくり

マニュアルの重要性に気づいたのは、特産品のネット通販をしていた頃だった。

あるとき、タラバガニを買ったお客様から、

「カニみそが入っていなかったよ」

「このカニ、足が8本しかないよ。足の取れたカニを売るんじゃないよ」

というクレームがきた。北海道の人は、

「何言っているんですか、タラバガニですよ」

で片づけてしまう。

そう言われてもお客様は意味がわからない。

実はカニは「カニ類」と「ヤドカリ類」に分類され、両者はまったく違う種類の生物なのだ。

ズワイガニや毛ガニは「カニ類」で、カニみそが入った状態で売られる。

一方、タラバガニや花咲ガニは「ヤドカリ類」で、カニみそがない状態で売られる。

カニはゆでてから出荷するのだが、「カニ類」のカニみそは、ゆでると固まる性質だ。

そのため、カニみそが入った状態で売られている。

それに対し、「ヤドカリ類」のカニみそは脂肪分が多く、ゆでると溶けてしまう。

そのうえ、溶けたカニみそは足に流れ込んで、身の劣化を早めるため、ゆでる前にカニみそを取り除いている。

また、「カニ類」は2本のハサミを含めた10本足である。

しかし「ヤドカリ類」は2本のハサミを含めて8本足であり、2本取れていたわけではないのだ。

これは北海道では当たり前なので、地元の人にはこんな説明はまずしない。

だが、私は全国のお客様の立場になって、細かく説明するマニュアルをつくり同封した。結果的に、私が「北海道出身ではない」という強みを活かせた。

■おいしいものでも、食べ方を間違えたらおしまい

グルメ通販で扱っていたカニは前述のとおり、ゆでてから冷凍したものだ。

するとお客様から、「おいしかった」「まずかった」と両方の声がメールで届いた。

もちろん、個人で味覚差はあるだろうが、「まずい」が一定数いるのはおかしい。

そこでお客様に食べ方を聞いてみた。

すると、冷凍のカニを鍋でゆでている人が多かった。これは2度ゆでといって、身がボソボソになり、うまみが台無しになる。冷凍のカニをゆでたり蒸したりすると、急激解凍によってカニの細胞が壊れてしまう。電子レンジで解凍する人も多かったが、それでは身の中で凍っているうまみやエキスが流れ出てしまう。

おいしい食品を送って終わりではない。**おいしいものでも、食べ方を間違えたらおいしくない**。お客様は満足しないのだ。

お客様が間違った食べ方をしないよう、一つひとつの商品に164〜165ページのように、あえて「素人臭さ」を残したデザインにした「かにしゃぶ虎の巻」のようなマニュアルを同封した（**写真1**）。お客様は商品に同封されたきれいな印刷物には目を通さない。よって手書き風の文字や吹き出しなどの違和感で注意喚起した。

それ以降、「まずい」というメールがくることは極端に減った。

これが現在の健康食品、化粧品の「使い方マニュアル」に活かされている（**写真2**）。

特産品の通販サイトをやっていた頃の当社のキャッチフレーズは、「**おいしかったと言っていただけるまでが仕事です**」だった。よいものをつくって終わり、送って終わりではないのだ。

最終的には、社員がその商品にほれ込めるかどうか

前に触れたように、顧客満足度は商品の品質に比例する。つけ加えると、よい商品だから、社員がお客様に自信を持ってお勧めできる。それが最初の購入、そして定期購入につながっていく。

営業が自分の扱っている商品が売れなかったときにどう思うか。

「こんなによい商品なのに」と思っていたら、なんとか売ろうと頑張るだろう。

「そうでもない商品」と思っていたら、すぐにあきらめてしまうだろう。

社員が「よいものだから多くの人に使ってもらいたい」と思えるかどうかが重要だ。

当社のある商品は、試作品をつくり、外部のモニター調査をしたところ、かなり効果があるという結果が返ってきた。

●乾燥させないでください！

解凍後、長時間乾燥した状態で放置しておきますと、水分が蒸発し、身がパサパサとした状態になり、美味しさは半減いたします。解凍後は速やかにお召し上がりください。

⑦熱の通し方

鍋に水をたっぷりいれて利尻昆布を敷き、沸騰させます。ダシが出てきてお湯の色が変わったら、速やかにしゃぶしゃぶを食べましょう。

かにの足は熱を通しすぎるとパサパサして固くなり、甘味が抜けます。熱通しが少なすぎると、ベチョベチョして生っぽくなります。

まず一本試しに熱を通してみて、「生っぽいな」と思えば、次からはもう少し熱を通すようにし、「パサパサして甘味が少ないな」と思えば、次からは早めに引き上げるように調整しながらお好みでお召し上がりください。（ステーキで言うレア、ミディアム、ウェルダンです）

目安としては、カニをしゃぶしゃぶしたときに、**身がふわっと広がる（花が咲く）瞬間**ぐらいがオススメです。**※生食用ではありませんので必ず火を通してからお召し上がり下さい。**

●いっぺんに放り込まないでください！

少なくとも、「足を全部ば〜んと鍋に放り込む」というような食べ方はおやめください。（一緒にお召し上がりになられる方もそれぞれお好みが違うと思われます。お一人お一人が一本ずつ熱通しを調整しながらお召し上がりください）

少々、うるさく感じられたかもしれませんが、**お客様にぜひ美味しくお召し上がりいただきたい**との気持ちからのことでございます。**どうかご勘弁ください。**

販売元・お問い合わせ先
北海道・しーおー・じぇいぴー

写真1 「かにしゃぶ虎の巻」

この説明書は、せっかく遠く北海道から
お取り寄せいただいたものだから、
「最高の状態で召し上がっていただきたい！」
という北海道.co.jpスタッフ一同の思いを
込めて書きました。ぜひお目通しください。

北海道.co.jp流 食べ方虎の巻 「かにしゃぶ」編

お届けした商品は元々「ナマ物」でございますので、個体差により
若干、サイズのバラツキがございます。何卒ご了承ください。

①まずは解凍しましょう

解凍方法１．自然解凍　～オススメ！～

水分の蒸発を防ぐため、ビニール袋に入れて日陰において解凍を待って
ください。すっかり解凍してしまうよりも８分目くらいの解凍が
より美味しく召し上がれます。

◎冷蔵庫での解凍の場合→冬場は3～4時間（夏場は2～3時間）が目安。
◎日陰などでの解凍の場合→冬場は2～3時間（夏場は1～2時間）が目安。
（地域の気温差により時間が異なりますので、ときおり解凍の状態をご確認くださいね）

解凍方法２．流水解凍

本商品をビニール袋に入れた状態でボールや洗面器などに入れて、
ちょろちょろと蛇口から水を流して解凍します。

※お湯をかけると「かにしゃぶ」に熱が通ってしまうので、水にしてください。

●電子レンジで解凍しないでください！

電子レンジで解凍しますと水分が蒸発し、うまみが逃げ、身が硬くなり…
と、かに本来の美味しさをお楽しみいただくことができません。

※解凍後は、再冷凍をしないようご注意ください。品質劣化の原因となります。

写真2｜目元をくっきり！『リッドキララ』実感のテクニック

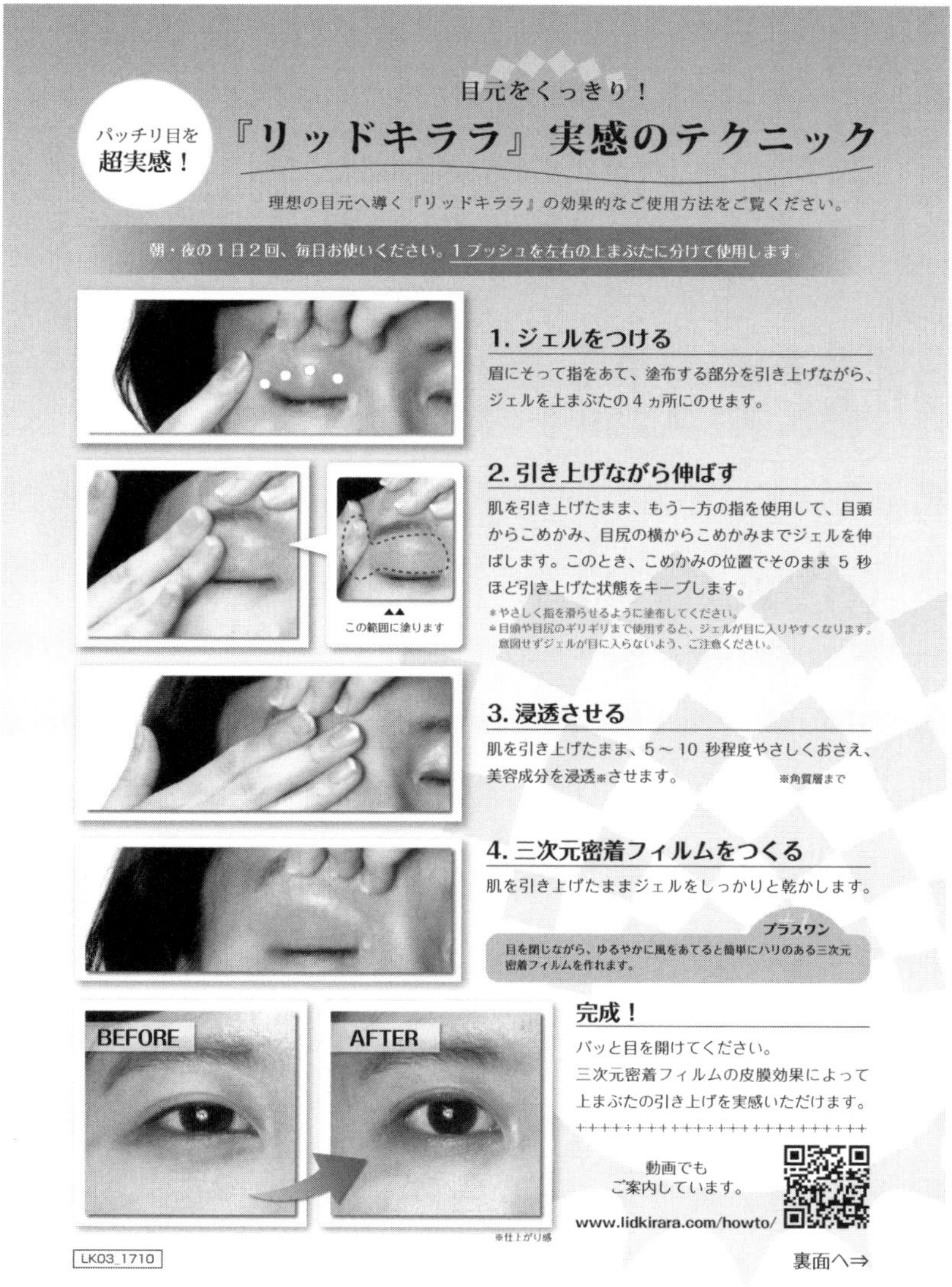

パッチリ目を
超実感！

目元をくっきり！
『リッドキララ』実感のテクニック

理想の目元へ導く『リッドキララ』の効果的なご使用方法をご覧ください。

朝・夜の1日2回、毎日お使いください。1プッシュを左右の上まぶたに分けて使用します。

1. ジェルをつける

眉にそって指をあて、塗布する部分を引き上げながら、ジェルを上まぶたの4ヵ所にのせます。

2. 引き上げながら伸ばす

▲▲
この範囲に塗ります

肌を引き上げたまま、もう一方の指を使用して、目頭からこめかみ、目尻の横からこめかみまでジェルを伸ばします。このとき、こめかみの位置でそのまま5秒ほど引き上げた状態をキープします。

＊やさしく指を滑らせるように塗布してください。
＊目頭や目尻のギリギリまで使用すると、ジェルが目に入りやすくなります。意図せずジェルが目に入らないよう、ご注意ください。

3. 浸透させる

肌を引き上げたまま、5〜10秒程度やさしくおさえ、美容成分を浸透※させます。

※角質層まで

4. 三次元密着フィルムをつくる

肌を引き上げたままジェルをしっかりと乾かします。

プラスワン
目を閉じながら、ゆるやかに風をあてると簡単にハリのある三次元密着フィルムを作れます。

BEFORE

AFTER

※仕上がり感

完成！

パッと目を開けてください。
三次元密着フィルムの皮膜効果によって上まぶたの引き上げを実感いただけます。

動画でも
ご案内しています。

www.lidkirara.com/howto/

LK03_1710

裏面へ⇒

郵便はがき

料金受取人払郵便

渋谷局承認

2087

差出有効期間
2025年12月
31日まで
※切手を貼らずに
お出しください

150-8790

130

〈受取人〉
東京都渋谷区
神宮前 6-12-17
株式会社ダイヤモンド社
「愛読者クラブ」行

本書をご購入くださり、誠にありがとうございます。
今後の企画の参考とさせていただきますので、表裏面の項目について選択・ご記入いただければ幸いです。

ご感想等はウェブでも受付中です（抽選で書籍プレゼントあり）▶

年齢	（　　　）歳	性別	男性 ／ 女性 ／ その他
お住まいの地域	（　　　）都道府県 （　　　）市区町村		
職業	会社員　経営者　公務員　教員・研究者　学生　主婦 自営業　無職　その他（　　　）		
業種	製造　インフラ関連　金融・保険　不動産・ゼネコン　商社・卸売 小売・外食・サービス　運輸　情報通信　マスコミ　教育 医療・福祉　公務　その他（　　　）		

①本書をお買い上げいただいた理由は？
（新聞や雑誌で知って・タイトルにひかれて・著者や内容に興味がある　など）

②本書についての感想、ご意見などをお聞かせください
（よかったところ、悪かったところ・タイトル・著者・カバーデザイン・価格　など）

③本書のなかで一番よかったところ、心に残ったひと言など

④最近読んで、よかった本・雑誌・記事・HPなどを教えてください

⑤「こんな本があったら絶対に買う」というものがありましたら（解決したい悩みや、解消したい問題など）

⑥あなたのご意見・ご感想を、広告などの書籍のPRに使用してもよろしいですか？

1　可　　　　2　不可

※ご協力ありがとうございました。

ところが、改めて市場調査すると、「あまりに市場が小さい」ことがわかった。もともと当社は小さな市場を狙っているが、このときは小さすぎた。そこで発売しない決断をした。ところが、モニター調査に参加した人から、

「早く発売してください。発売されたら絶対買います」

という声が届いていた。そして一部の社員から、

「なんとか発売しましょう！　少ないかもしれませんが、必ず喜んでくれるお客様がいます」

という直訴があった。社員の熱意に根負けし、このときはデータを無視して発売した。

長い間ビジネスをやっていれば、必ず浮き沈みはある。大ヒットすることもあれば、売れなくなることもある。そんなときに大切なのは**ファンがいるかどうか**だ。

その商品は社員の熱心な販促活動によって、少しずつファンを獲得していった。ファンの数は決して多いとは言えないが、リピート購入され、黒字商品になっている。

結局売るのは人間だから、自分たちが自信を持っているかどうかが大きい。

■10億円の商品を10個つくって売上100億円の発想

以上お話ししてきたように、私たちの商品開発は「お客様」の悩みから始まった。

これには小さなマーケットを100％押さえる狙いがあった。小さなマーケットを狙うメリットは競合が少ないこと。

ライバルがいないので、競争コストがかからず、利益率は高くなる。

商品比較がなくなれば広告コストもかからない。

だから、そこで圧勝しても売上は10～20億円程度しか上がらない。

そこで私は、**10億円の商品を10個つくって売上100億円**を目指そうと考えた。

実際に売上が100億円まで行ったとき、利益は29億円となった。

第5章

利益率29%を実現する販売戦略

1

「上限CPO」と「時系列LTV」をマネジメントする発想法

■上限CPOは「ここまでかけていい」販促費

販促費の管理は、利益を上げるうえで重要だ。

5段階利益管理では、利益②「純粗利」から利益③「販売利益」を導き出す過程で販促費を管理している。

「販売利益」が対前月や他の商品に比べて悪化している場合、「**販促費の投資効率が悪くなっている場合**」と「**販促費の先行投資を強化した場合**」の2つの要因が存在する。

しかし、後者の要因であった場合、「先行投資をしたのだから一時的に販売利益率が悪化するのは仕方がない」で終わらせていいわけではない。先行投資をしたなら、その投資がいつ、いくらになって回収できるのかを明確に把握しておく必要がある。そのためのマネジメント指標が「**上限CPO**」と「**時系列LTV**」だ。

ここでは、売上最小化、利益最大化の法則を実践できるよう専門的に解説していく。マーケティングや広告に不慣れな人は、やや難しく感じるかもしれないが、まずは考え方を大まかに理解してほしい。また、経営者とマーケティング担当者とともに読み進めたりしてもいいだろう。

実務では、「純粗利」から販促費を引いて「販売利益」を求めるが、ここでは計算を簡単にするために、純粗利率が100％と仮定して話を進めていく。

まずは**上限CPOの管理**から話そう。

CPOとは、コスト・パー・オーダー(Cost Per Order)の略で、**一人のお客様を獲得（受注）するのにかかるコスト**を指す。どんな業種でも注文を取ろうとすれば、広告を出したり、営業したり、何らかの販売活動が必要だ。

CPOをかければ売上は上がるが、5段階利益管理の経費項目にある販促費などのコストがかかり、利益は減る。売上は大きいが、利益の少ない会社はたいていCPOが過剰だ。だからこそCPOのマネジメントが必要となる。

当社のようなネット通販では、CPOの大部分を広告費が占めるが、CPOを管理する仕組みができているので、**入社半年の新人でも運用**できる。

一般的にCPOは「一件の受注に対してかかるコスト」と考えられるが、私は「**一人のお客様と出会うのにかかるコスト**」と定義している。

一人のお客様に繰り返し注文いただくからだ。一人のお客様と長くおつき合いし、定期購入していただく。これは販促費の削減と高い利益につながる。

では、具体的にCPOについて考えていこう。

前述のように、当社のようなeコマース事業の場合、おもな販売活動は広告である。

たとえば、100万円の広告費をかけた結果、100人のお客様を獲得できた場合、**広告費100万円÷獲得したお客様100人＝CPO1万円**となる。

一人のお客様が定期的に購入してくれる場合、CPOが何か月後に回収できるかを考えよう。たとえば、純粗利が3000円の商品で、CPOが1万円だと7000円の赤字だ（**図表26**）。

だが、その商品が定期購入の場合、4回目の購入で1万2000円の純粗利となり、黒字化する。だから一回の受注に対するコストというより、一人のお客様を獲得する

図表28｜5段階利益管理表の「販売利益」は何か月で黒字化するか？

●5段階利益管理表の「販売利益」まで

商品A

売上	3,000円
原価	-
利益①売上総利益（粗利）	-
売上総利益（粗利）率	-
注文連動費	-
利益②純粗利	3,000円
純粗利率	100%
販促費	10,000円
利益③販売利益	−7,000円

商品Aを販売するために10,000円の販促費をかけた。
商品Aが定期購入された場合、この販促費は、何か月で回収できるだろうか？

※売上と「販売利益」の関係を見るため、ここでは純粗利率は100%とする。実務では自社の原価や注文連動費を入れて計算する

初回購入時は7,000円の赤字

▼

	初回購入	2回目購入	3回目購入	4回目購入
累計純粗利	3,000円	6,000円	9,000円	12,000円

CPO10,000円はこの4回目の購入で初めて黒字になる。しかし、すべての人が必ず4回購入するわけではないし、購入したとしてもいつ4回目の購入をするかわからないので、正確に黒字になる時期はわからない

コストと考えるのだ。

■「時系列LTV」とは顧客が生涯を通じて企業にもたらす利益

しかし、すべてのお客様が必ず4回購入するわけではないし、購入したとしても、いつ4回目の購入をするのかも人によって違う。

よって収益を計算する際に必要となる指標が「**時系列LTV**」だ。

LTVはライフ・タイム・バリュー（Life Time Value＝顧客生涯価値）の略で、**顧客が生涯を通じて企業にもたらす利益**を指す。

一般的には顧客の商品・サービスに対する愛着（顧客ロイヤリティ）が高いほど、LTVは高くなる。生涯といっても、通常、**数か月から1年単位**で区切って計算する。

当社では、LTVを**月ごとに時系列管理**している。よって「**時系列LTV**」と呼んでいるのだ（**図表27**／ただし、**図表27**では3〜6か月目、6〜11か月目、11〜12か月目、12〜24か月目をまとめている）。

そのため1か月ごとの売上、コスト、利益とLTVを対応させることができる。

多くのD to C企業は、1回目、2回目、3回目のサブスク継続率だけ見ているが、この場合、１か月ごとの売上、コスト、利益とＬＴＶを連動して見ることができない。

たとえば、数か月間継続していたお客様が１か月休んだ、もしくは初回に３か月分まとめて購入したお客様が、３か月後に２回目の購入があった場合、単一の計算式では正確なデータが算出できない。だから、ＬＴＶを月ごとで時系列管理する。

図表27で時系列ＬＴＶを見てみよう。商品ＡとＢがある。価格は両方とも３０００円だ。前述の例のとおり、１００万円の広告で１００人のお客様を獲得した（ＣＰＯは１万円）。この１００人のお客様の初回注文では、商品Ａ、Ｂともにお客様一人あたり平均購入額は３０００円。

ある人は１か月後に１個買い、ある人は２個買い、ある人は買わなかった。

こうして１００人の１か月後の購入額を平均すると、商品Ａのお客様一人あたり平均追加購入額は１９００円となる。初回の３０００円と１か月後の１９００円を足すと、時系列ＬＴＶ（平均累計購入額）は４９００円となる。

これが１か月後の時系列ＬＴＶである。

商品Ａの２か月後を見ると、時系列ＬＴＶは６３００円、さらに３か月後は７５００円になった。定期購入を中止する人もいるので、少しずつ「のび率」が減少している。

商品Aでは、一人のお客様を獲得するのに1万円かかっているので（CPOは1万円）、初回から11か月後までは赤字だが、**12か月後にCPOが回収**でき、これ以降はまるまる利益になる。

これがCPOと時系列LTVの関係だ。

時系列LTVは商品によって変わる。もう一度、**図表27**を見てほしい。

1か月後の商品Aの時系列LTVは4900円、商品Bは4400円。

2か月後の商品Aは6300円、商品Bは5500円。

3か月後の商品Aは7500円、商品Bは6600円。

だが11か月後を見ると、商品Aは9800円、商品Bは1万2000円と逆転している。商品Bはリピートするお客様の数は少ないが、それでもコアなファンを獲得していて、一度購入した人が繰り返し購入している。

図表27にある一定期間の販売利益は、**時系列LTVからCPOを引く**と出てくる。

一定期間の販売利益＝時系列LTV（×純粗利率）－CPO

※ここではLTVは売上（購入額）で算出している。実際の一定期間の販売利益を出す際はLTVに純粗利率をかけて算出するが、計算式が複雑になるので、ここ

図表27 「上限CPO」と「時系列LTV」の仕組み

商品A

【該当期間】	初回	初回~1か月目の間	1~2か月目の間	2~3か月目の間	3~6か月目の間	6~11か月目の間	11~12か月目の間	12~24か月目の間
該当期間のお客様一人あたり平均追加購入額	3,000円	1,900円	1,400円	1,200円	1,300円	1,000円	1,200円	4,000円
【累計期間】	初回	初回~1か月間	初回~2か月間	初回~3か月間	初回~6か月間	初回~11か月間	初回~12か月間	初回~24か月間
累計期間のお客様一人あたり平均累計購入額(時系列LTV)	3,000円	4,900円	6,300円	7,500円	8,800円	9,800円	11,000円	15,000円
一定期間の販売利益	−7,000円	−5,100円	−3,700円	−2,500円	−1,200円	−200円	1,000円	5,000円

時系列LTV(×純粗利率)−CPO

※ここでの純粗利率は便宜上100%

※ここでのCPO(一人のお客様を獲得するのにかかる販促費)は10,000円

※たとえば初回は「3,000円×100%−10,000円=−7,000円」

商品Aは12か月後に黒字化

商品B

【該当期間】	初回	初回~1か月目の間	1~2か月目の間	2~3か月目の間	3~6か月目の間	6~11か月目の間	11~12か月目の間	12~24か月目の間
該当期間のお客様一人あたり平均追加購入額	3,000円	1,400円	1,100円	1,100円	1,800円	3,600円	2,000円	5,000円
【累計期間】	初回	初回~1か月間	初回~2か月間	初回~3か月間	初回~6か月間	初回~11か月間	初回~12か月間	初回~24か月間
累計期間のお客様一人あたり平均累計購入額(時系列LTV)	3,000円	4,400円	5,500円	6,600円	8,400円	12,000円	14,000円	19,000円
一定期間の販売利益	−7,000円	−5,600円	−4,500円	−3,400円	−1,600円	2,000円	4,000円	9,000円

時系列LTV(×純粗利率)−CPO

※ここでの純粗利率は便宜上100%

※ここでのCPO(一人のお客様を獲得するのにかかる販促費)は10,000円

※たとえば11か月後は「12,000円×100%−10,000円=2,000円」

商品Bは11か月後に黒字化

CPOを時系列LTV(×純粗利率)が上回る時期を見極めることが肝心

では純粗利率が100%の前提で説明する。

たとえば、商品Aの12か月後の一定期間の販売利益は、

時系列LTV1万1000円−CPO1万円＝一定期間の販売利益1000円

となる。

当社では、あらかじめ得るべき一定期間の販売利益を決めている。1年間でどれくらい販売利益を出したいかを決めると、自然と**CPOの上限**が決まる。ここをきちんとコントロールすることが大事だ。

たとえば、まず、商品Aで1年間に一人あたり1000円の販売利益を出すと決めると、CPOの上限は1万円と決まる。仮に100万円の広告費で、お客様を80人しか獲得できなかったら、CPOは約1万2500円になり、一定期間の販売利益1000円は達成できない。その場合、その広告はストップする。これが基本的な考え方だ。

一人の顧客を獲得する経費内容は、企業によって異なる。

広告以外にも営業など様々な販売活動がある。販促費はかければかけるほど売上が上がるが、効率の悪い広告や販売活動は一定期間の販売利益を圧迫する。ときおり、「グーグル検索したときに、自社の広告が一番上に表示されていればいい」

という声を聞くが、それには大量の広告費がかかっているわけだ。もし一定期間の販売利益に結びついていなければ、まったく意味がない。**施策の効果を数字で見ていくことが大切だ。**

■なぜ、商品×広告媒体ごとに「時系列LTV」を出すのか

当社では、商品と広告媒体ごとに時系列LTVを出している。

当社は様々な広告媒体を使っている。同じ商品でも、広告媒体によってCPO、時系列LTVは変わる。

たとえば、商品Aをグーグル広告で宣伝したとする。このときCPOは3000円。一方、別のポイント系サイト（ここで商品Aを買うとポイントがつく）ではCPOは1000円だった。

ここだけ見ると、ポイント系サイトのほうがCPOが低いので、一定期間の販売利益が出やすそうに見える。

しかし、1年後の時系列LTVを見ると、グーグル広告は7500円、ポイント系サイトは3000円だった。ポイント目当てで買った人はリピート率が低く、時系列

ＬＴＶが低かったと考えることができる。
1年間の販売利益は、

●グーグル広告：時系列ＬＴＶ７５００円－ＣＰＯ３０００円＝一定期間の販売利益４５００円

●ポイント系サイト：時系列ＬＴＶ３０００円－ＣＰＯ１０００円＝一定期間の販売利益２０００円

グーグル広告のほうがＣＰＯは高くても、一定期間の販売利益が多く出ていることがわかる。

仮にこの商品の上限ＣＰＯを３０００円と設定し、ポイント系サイトで販売すると、ＣＰＯは低いものの、赤字になってしまう。そのため、商品と広告媒体の組合せごとに時系列ＬＴＶを算出し、上限ＣＰＯを決めるのだ。

また、「顧客獲得人数」をかけると、さらに正確な利益数字が計算できる。

たとえば、グーグル広告とヤフー広告に１００万円ずつ広告を出した。ヤフーでは１００人のお客様を獲得し、グーグルでは80人だったとする。

ヤフーのＣＰＯは1万円だが、グーグルのＣＰＯは1万２５００円となり、この時点ではヤフーのほうが効率がいい。

だが、継続して見る必要がある。その後、1年間の時系列LTVを見ると、ヤフーで獲得したお客様は一人平均2万円購入した。一方、グーグルで獲得したお客様は一人平均3万円購入した。

まとめると次のようになる。

ヤフー広告に100万円を払い、100人のお客様を獲得したので、CPOは1万円となる。

●ヤフー広告：広告費100万円÷獲得したお客様100人＝CPO1万円

その後1年間で、一人あたり2万円の売上が上がったので、一定期間の販売利益は1万円。

●ヤフー広告：時系列LTV2万円－CPO1万円＝一定期間の販売利益1万円

そして、この広告は100人のお客様を獲得しているので、全体で100万円の利益が出たことがわかる。

●ヤフー広告：一定期間の販売利益1万円×100人＝全体利益100万円

一方、グーグル広告に100万円を払い、80人のお客様を獲得したので、CPOは

1万2500円。

●グーグル広告：広告費100万円÷獲得したお客様80人＝CPO1万2500円

その後1年間で、一人あたり3万円の売上が上がったので、一定期間の販売利益は1万7500円。

●グーグル広告：時系列LTV3万円－CPO1万2500円＝一定期間の販売利益1万7500円

そして、この広告は80人のお客様を獲得しているので、140万円の全体利益が出たことがわかる。

●グーグル広告：一定期間の販売利益1万7500円×80人＝全体利益140万円

この場合だと、グーグル広告のほうが効率がいいことがわかる。

広告媒体ごとにこのようなデータを出し、広告媒体ごとに上限CPOを設定する。まず、1年で一人のお客様からいくらの販売利益を出すのかを決め、逆算して広告媒体ごとの上限CPOを決めてみるのだ。

上限CPOを厳守する

多くの会社がCPOの目標を定めている。だが、その目標は揺らぎやすい。LTVが上がっていなくても、「続ければ結果が出るだろう」「今は赤字でも後から利益がついてくるはず」と楽観的に考え、販促費をふんだんにつぎ込む。

しかし、いつ、いくらになって返ってくるのだろうか。

CPOをかけ続ければ売上は上がる。しかし販促費もかかり続ける。これでは販売利益は出ない。しまいには赤字になる。

仮に1年の販売利益を3500円と定めたら、**図表27**（177ページ）の商品Aの場合、12か月後の時系列LTVが1万1000円なので、上限CPOは7500円となる。

これは時系列LTVの3か月後の数字と同じであり、3か月でCPO分が回収でき、トントンになることを示している。**上限CPOを厳守する**ことが重要だ。

冒頭で、当社は新入社員でも広告を運用できると言ったが、上限CPOを決めていればこそだ。これを決めるとビジネスがシンプルになる。

2

CPOと新規顧客獲得件数の相関性をどう見極めるか

■営業すればするほど顧客は増える?

次に、CPOと新規顧客獲得件数の相関性について考えてみよう。

ある商品を発売したとき、その商品の全体利益は、

新規顧客獲得件数×顧客一人あたり利益(LTV−CPO)=全体利益

で決まるから、新規顧客をいかに獲得するかが重要だ。

お客様を獲得するコストがこれまで再三出てきた「CPO」だ。

だが、CPOをかければ、新規顧客が無尽蔵に増え続けるというわけではない。

広告費と新規顧客獲得件数の関係は「**収穫逓減《ていげん》の法則**」に当てはまる。収穫逓減とは、同じ投資をしても、利益の増加分がだんだん小さくなる状態を指す。たとえば、やせた土地に肥料を与えると、土が肥えて農作物の収量は増える。だが、一定水準以上の肥料を与え続けると、肥料を購入した金額に対して収量が見合わなくなる。また、所有する農地を広げれば耕作農地が増え、収量も増加するはず。ところが、農地の追加取得を続けていくと、肥沃な農地だけでなく、農業に適さない土地も取得するので収量が下がる。

一定条件の下で、ある生産要素を増加させると、生産量は全体としては増加するが、その増加分は次第に小さくなる。つまり、営業活動を増やせば増やすほど新規顧客が獲得できるというわけではない。適正な営業活動は利益を最大化する。だが、それを超えると、利益を圧迫するコストになるのだ。

■「イノベーター理論」に見る顧客獲得戦略

新規顧客獲得件数の増加に伴い、CPOは上がっていく。これは「イノベーター理論」で説明できる。

イノベーター理論とは、新しい製品・サービス市場への普及率を示したマーケティング理論だ。1962年、スタンフォード大学のエベレット・ロジャーズ教授が『Diffusion of Innovations』（邦題『イノベーション普及学入門』宇野善康監訳、産業能率大学出版部、1981年。『イノベーション普及学』青池愼一・宇野善康監訳、産業能率大学出版部、1990年。『イノベーションの普及』三藤利雄訳、翔泳社、2007年）で提唱した。イノベーター理論では、普及の過程を次の5つの層に分類している（**図表28**）。

◎イノベーター（革新者）【市場全体の約2・5％】……最初期に製品・サービスを採用する層。情報感度が高く、新しいものを積極的に導入する好奇心を持つ。「新しい」ことに価値を感じ、市場にまだ普及していない、コストが高い製品・サービスでも、価値観に合致すれば即購入する。

◎アーリーアダプター（初期採用者）【市場全体の約13・5％】……イノベーターほど急進的ではないが、これから普及するかもしれない製品・サービスにいち早く目をつけ、購入するユーザー層。世間や業界のトレンドに敏感で、常にアンテナを高く張って情報を判断し、これから流行りそうなものを採用するので、世間や業界のオピ

全体利益 ＝ 新規顧客獲得件数×顧客一人あたり利益（LTV－CPO）

広告費と新規顧客獲得件数の関係は「収穫逓減の法則」に当てはまり、
新規顧客獲得件数の増加に伴い、CPO（1件あたりの顧客獲得コスト）は上がっていく性質がある

「イノベーター理論」による消費者分布

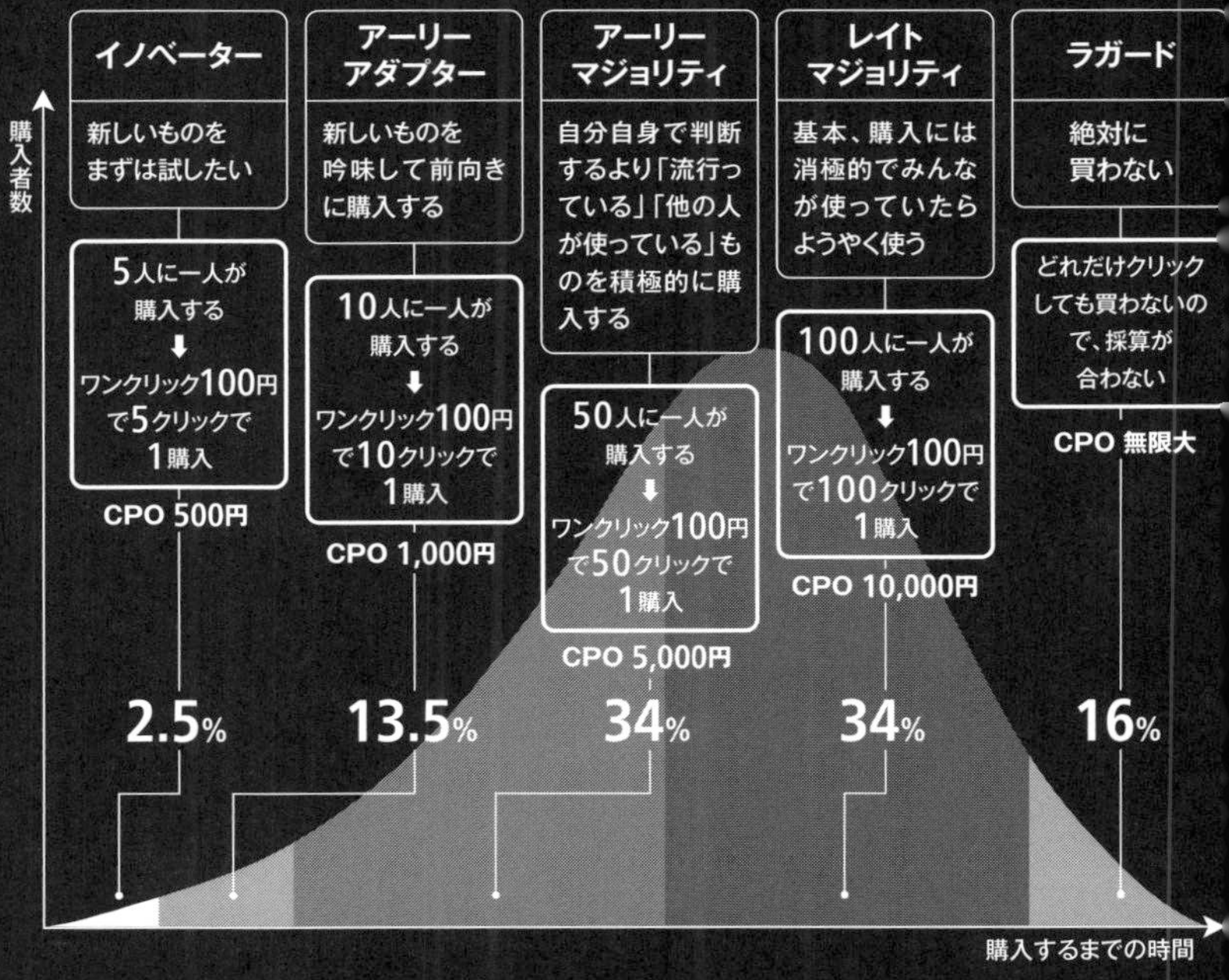

	イノベーター	アーリーアダプター	アーリーマジョリティ	レイトマジョリティ	ラガード
CPO	500円	1,000円	5,000円	10,000円	無限大

ニオンリーダーやインフルエンサーになりやすい。

◎アーリーマジョリティ（前期追随者）【市場全体の約34％】……情報感度は比較的高いものの、新しい製品・サービスの採用に慎重な層。アーリーアダプターの意見に大きく影響を受ける。

◎レイトマジョリティ（後期追随者）【市場全体の約34％】……新しい製品・サービスについては消極的で、なかなか導入しない層。多くのユーザーがこの製品・サービスを採用していると確証を得てから採用する。

◎ラガード（遅滞者）【市場全体の約16％】……市場の中で最も保守的な層。その製品・サービスがただ普及するだけではなく、伝統的、文化的なレベルまでそれを採用することが一般的にならないと採用しない。

新しいものを積極的に導入する好奇心のあるイノベーターを獲得するためのＣＰＯは低い。

購入のハードルも低く、イノベーターが5人いれば一人は購入してくれる。ワンクリック100円とすると、5クリックで1購入なのでCPOは500円。一人のお客様が500円で獲得できる。ただし、イノベーターは市場全体の約2・5%しかいない。

イノベーターを獲得してしまうと、次はアーリーアダプターになる。

アーリーアダプターはこれから普及するかもしれない製品・サービスにいち早く目をつける。この人たちは10人に一人が購入する。ワンクリック100円とすると、10クリックで1購入なので、CPOは1000円。イノベーターに比べ、アーリーアダプターを獲得するためのCPOは高くなる。

このように、**図表28**の右へ行くほど新規顧客獲得は難しくなり、CPOは高くなる。アーリーマジョリティのCPOは5000円、レイトマジョリティのCPOは1万円、ラガードはCPOをいくらかけても獲得は難しい。

購入意欲が高い層を対象にしているうちは低いCPOで新規顧客が獲得できるが、対象が広がるとCPOは上がっていく。

図表29を見てほしい。

図表29｜5つの階層とCPOの関係

	イノベーター	アーリーアダプター	アーリーマジョリティ	レイトマジョリティ	ラガード
対象人数	25人	135人	340人	340人	160人
CPO	500円	1,000円	5,000円	10,000円	無限大

↓

新規顧客獲得件数	25人	160人	500人	840人	1,000人
平均CPO	500円	922円	3,695円	6,247円	無限大

イノベーター　25人× 500円
＋
アーリーアダプター　135人×1,000円
―――
25人＋135人
＝
147,500円
―――
160人
＝
922円

イノベーター　25人× 500円
＋
アーリーアダプター　135人×1,000円
＋
アーリーマジョリティ　340人×5,000円
―――
25人＋135人＋340人
＝
1,847,500円
―――
500人
＝
3,695円

新規顧客獲得件数が増えれば増えるほど、
平均CPOは上がっていく

※デイリーでも累計でも

1000人の市場にイノベーター理論の5つの層を当てはめてみた。イノベーターは25人、アーリーアダプターは135人、アーリーマジョリティとレイトマジョリティは340人ずつ、ラガードは160人いる。

1日25人の新規顧客を獲得しようとすると、イノベーターだけが対象になるのでCPOは500円。さらに新規顧客を獲得しようとするとCPOは増える。

イノベーターとアーリーアダプターを獲得しようとすると平均CPOは**図表29**のとおり922円、イノベーターとアーリーアダプターとアーリーマジョリティを獲得しようとすると平均CPOは3695円。獲得件数が増えるほど平均CPOは上がる。

つまり、どれくらいの顧客を獲得しようとするかによってCPOは変わるのだ。

また、商品発売からある程度時間が経つとCPOは上がる。発売直後と1年後を比べるとCPOは上がっている。購入意欲が高い人から獲得し、その後、意欲が低い人を新規獲得しようとするからだ。

最適「上限CPO」の算出法と9割の社長がハマる罠

CPOと顧客一人あたり利益、新規顧客獲得件数の関係を整理すると、次のようになる。

CPOを下げる→新規顧客獲得件数は減、顧客一人あたり利益は増
CPOを上げる→新規顧客獲得件数は増、顧客一人あたり利益は減

したがって、最も全体利益が多くなる**最適な上限CPO**を見つけることが大切だ。全体利益は、**新規顧客獲得件数×顧客一人あたり利益（LTV－CPO）**で算出されるからだ。

図表30を見てほしい。

ここでは1年のLTVが1万円の商品で、CPO、新規顧客獲得件数、1年売上、顧客一人あたり利益、全体利益を比較している。

この商品の場合、CPOを3000円にすると、1年の新規顧客獲得件数は100件。CPOを9000円に引き上げると新規顧客獲得件数は一気に300件になる。CPOを上げれば上げるほど新規顧客獲得件数は増え、売上も上がる。

だが、顧客一人あたり利益はどうか。

LTVが1万円の商品だから、CPOが3000円なら、顧客一人あたり利益は7

図表30｜最適「上限CPO」の算出法

全体利益 ＝ 新規顧客獲得件数×顧客一人あたり利益（LTV－CPO）

・CPOを下げれば、新規顧客獲得件数は減るが、顧客一人あたり利益は増える
・CPOを上げれば、新規顧客獲得件数は増えるが、顧客一人あたり利益は減る
↓
最も全体利益が高くなる段階のCPOを見つけることが大切!

これが
最適「上限CPO」

ここから全体利益の収穫逓減が始まる →

例）1年のLTVが1万円の場合

CPO	3,000円	4,000円	5,000円	6,000円	7,000円	8,000円	9,000円
新規顧客獲得件数	100件	120件	150件	200件	250件	270件	300件
1年売上	100万円	120万円	150万円	200万円	250万円	270万円	300万円
顧客一人あたり利益	7,000円	6,000円	5,000円	4,000円	3,000円	2,000円	1,000円
全体利益	70万円	72万円	75万円	80万円	75万円	54万円	30万円

顧客一人あたり利益が最も多い
その代わり新規顧客獲得件数、売上は少ない

全体利益額が最も多い
※大事なのは
新規顧客獲得件数×顧客一人あたり利益

新規顧客獲得件数が最も多く、売上も多い
その代わり顧客一人あたり利益が最も少ない

↓
売上最大化を目指すならCPOを9,000円にすべきだが、全体利益の最大化を目指すなら、
CPOを6,000円に設定することが最も望ましい

000円。CPOが4000円になると、新規顧客獲得件数は増えるが、顧客一人あたり利益は6000円に減る。CPOが9000円になると、新規顧客獲得件数は300件に増え、売上は300万円と最も増えるが、顧客一人あたり利益は1000円に減ってしまう。

図表30で注目すべきなのは、**全体利益が最も多くなるのはどこか**だ。

全体利益＝新規顧客獲得件数×顧客一人あたり利益（LTV－CPO）

顧客一人あたり利益が一番多いのは、CPOが3000円のとき、新規顧客獲得件数が一番多いのはCPOが9000円のときだ。

だが、全体利益となると、CPOが3000円のときは70万円、CPOが9000円のときは30万円。全体利益が一番多いのは、CPOが6000円のときで80万円となる。

全体利益を最大化するには、**上限CPOを6000円**にするのがベスト。CPOを6000円以上にすると、新規顧客獲得件数が増え、売上は上がる。

しかしながら、「収穫逓減の法則」にハマって、**全体利益は減っていく。**

多くの会社がこの〝**罠**〟に陥っている。

レイトマジョリティやラガードまで振り向かせようと、無駄な投資を重ねているのだ。

「収穫逓減の法則」や「イノベーター理論」を知らないと、CPO3000円で新規顧客を100件獲得し、全体利益が70万円出るなら、CPOを3倍の9000円に増やせば、新規顧客も3倍の300件、全体利益も3倍の210万円になると安易に考えてしまいがちだ。

しかし、そうはならないことを**図表30**は教えてくれる。

■広告投資バランス指標で「機会ロス」「採算割れ」をチェック

ただし、CPOは低ければ低いほどいいわけではない。減りすぎると機会ロスになる。

広告の投資効率の指標の一つに、**ROAS**（Return On Advertising Spend）がある。

広告費に対してどれだけ広告経由で売上があったかを計る指標だ。
算出式はこうなる。

ROAS＝広告経由の売上÷広告費

たとえば100万円の広告費を出して、売上が200万円だったら、
広告経由の売上200万円÷広告費100万円＝ROAS2・0（もしくは200％）
となる。同じ100万円の広告費でも、
広告経由の売上300万円→ROAS3・0（もしくは300％）
広告経由の売上500万円→ROAS5・0（もしくは500％）
と高ければ高いほうがいいと考える。

では、単純にROASを高めていこうとすると、どうなるか。
ROASの低い広告をやめればいい。すると機会ロスが増える。顧客一人あたり利益は増えるが、全体利益は減る。ROASは上がり効率はよくなるが、全体利益額は減る現象が起きる。

ROASには最適値がない。リピート前提の定期購入（サブスク）の場合、1を割

っても利益が出る。1以上なら黒字、1未満なら赤字という単純なものではない。

ROASは「広告Aは広告Bに比べてROASが悪い」「広告Aは先月に比べて今月のほうがROASがよい」と、広告同士や同じ広告の時期別レスポンスを比較するためのものだ。

そこで当社では機会ロス、採算割れチェックを「**広告投資バランス指標（造語）**」を用いて行う。

商品が複数あればCPOもそれぞれ変わる。これらをまとめ、機会ロスあるいは過剰投資になっていないかを見る。

広告投資バランス指標＝CPO実績÷上限CPO

これを算出し、1を下回れば機会ロス、1を上回れば過剰投資、**1が適切**となる。

たとえば、上限CPOが6000円で、結果的にCPO実績が5000円の場合、CPO実績5000円÷上限CPO6000円＝0・83となり、機会ロスしていることがわかる。

これを週一回確認し、1を上回る場合は広告を抑えぎみに、1を下回る場合は少し出稿量を増やそうと指示する。

以前から1を超えた部分について「過剰投資だから広告をやめる」と指示していた。

しかし、過剰投資のみを指摘されると、社員は広告を出さなくなる。過剰投資もいけないが機会ロスもいけないので、この指標を用いるようになった。

3

売上最小化、利益最大化の法則

■売上半減でも、利益1・5倍、利益率3倍

図表31を見てほしい。

1年LTV（ライフ・タイム・バリュー→174ページ）が1万1000円の商品があったとする。

この商品の販売にかけるCPOの上限（上限CPO）を1万円に設定した。

一人のお客様を獲得するのに1万円かかり、1年間で1万1000円売れ、顧客一人あたり1年目標利益は1000円になる。

図表31｜売上最小化、利益最大化の法則

1年LTV	上限CPO	1年目標利益
11,000円	10,000円	1,000円

	件数	CPO	広告費	1年売上	1年利益
グロス	1,000件	10,000円	1,000万円	1,100万円	100万円

上限CPO内

売上	利益	利益率
1,100万円	100万円	9%

新規顧客を1000件獲得した場合、CPOは1万円なので広告費は1000万円となる。

新規顧客による1年間の売上は、

1年LTV1万1000円×新規顧客1000件＝1年売上1100万円

となる。

商品の純粗利率が仮に100％だったとすると、

売上1100万円－広告費1000万円＝1年間の販売利益100万円

＊利益率9％

となる。

これを見た多くの経営者は、「目標どおりだ」「特に問題ない」と考えるだろう。

ただし、この場合は広告費全体を見ているだけなので、広告ごとの内訳を見ないといけない。

図表32を見てほしい。

もともとは広告をグロスで管理していたが、個別に管理することにした。

図表32の上の表では、新規顧客獲得件数は全体で1000件だが、広告A、Bともに500件ずつだった。

図表32｜売上半減、利益1.5倍、利益率３倍

1年LTV	上限CPO	1年目標利益
11,000円	10,000円	1,000円

●広告AとBの個別で見てみると

	件数	CPO	広告費	1年売上	1年利益
広告A	500件	8,000円	400万円	550万円	150万円
広告B	500件	12,000円	600万円	550万円	−50万円
グロス（合計・平均）	1,000件	10,000円	1,000万円	1,100万円	100万円

広告Bは「上限CPO」を超えている

売上	利益	利益率
1,100万円	100万円	9%

⬇

●利益につながらない広告Bをやめた場合

	件数	CPO	広告費	1年売上	1年利益
広告A	500件	8,000円	400万円	550万円	150万円
~~広告B~~	~~500件~~	~~12,000円~~	~~600万円~~	~~550万円~~	~~−50万円~~
グロス（合計・平均）	500件	8,000円	400万円	550万円	150万円

広告Bをやめると、どうなるか？

売上	利益	利益率
550万円	150万円	27%

売上は半減するが、利益は1.5倍、利益率は3倍

CPOを見ると、広告Aは8000円、広告Bは1万2000円だ。平均すると1万円だが、広告B単体では上限CPO1万円を超えている。広告Aの費用は400万円、Bは600万円。1年売上は同じ550万円だが、1年利益はどうだろう。Aは150万円、Bは**マイナス50万円**となっている。

個別に分析すると、利益につながっている広告とそうでない広告がわかる。

そして、**図表32**の下の表のように、広告Bをやめるとどうなるか。

A、B両方やった場合と、Aだけやった場合を比較してみよう。

広告A、B **売上1100万円　1年間の販売利益100万円　＊利益率9%**

広告Aだけ **売上550万円　1年間の販売利益150万円　＊利益率27%**

売上は半減するが、利益は1・5倍、利益率は3倍となった。

■上限CPOを決め、それ以上は広告を出さない

多くの会社は、広告効果を全体総量の平均で管理する。現実には広告代理店に丸投

げし、「上限CPO1万円以内で新規顧客を最大限獲得してほしい」と依頼する。

広告代理店は様々な広告を組み合わせ、CPO1万円以内に合わせてくる。その中には、1万円を超えているものもあれば、1万円以下のものもあり、平均で1万円になるようにしている。

しかし、当社は鉄則として、**個別でCPOを計測し、上限CPO以上の広告を絶対に出さない**。

広告原稿もしくはキャンペーンごとにデイリーで採算が合わない広告をやめる。まず、いったんやめてから再調整する。

採算が合っていない場合、入札額が高いのか、クリック率（広告が表示された回数のうちクリックされた率）が低いのか、コンバージョン率（商品の購入や資料請求などの「広告主が設定したゴール」を達成する率）が低いのかなどをチェックし、再調整したうえで出稿する。

たとえば、前日より受注が減ったとしよう。

そのとき広告媒体別では何が何件減ったか。商品別では何が何件減ったか。広告の表示回数が減ったのか、コンバージョン率が下がったのか。当社ではこれらを一覧表示しながら、毎朝対策を話し合っている。

販促費さえかければ誰でも売上を上げられる。だから売上を競う意味はない。広告で言えば、CPOを10万円出せば、誰でも100億円や200億円の売上は上がる。しかし、全体利益は赤字だ。

売上を上げることを目標にするのではなく、**全体利益を出すことを目標**にする。出した広告を項目ごとに分けて管理し、赤字の広告は全部やめる。そうなると売上は減るが、**利益は増える。**

■採算が合わない時間帯の広告は全部やめる

ネット広告は1日単位で見ると採算が合っていても、**時間帯で見ると黒字の時間、赤字の時間**がある。日中は採算が合わないのに、夜間は採算が合うときがある。時間帯によってコンバージョン率はめまぐるしく変わる。

昼間、電車に乗っている人がスマホで当社の広告を見てクリックしたとしよう。この段階で「クリック課金」で当社にコストが発生する。だが、クリック後に飛んだ先のページを見て商品を購入するかどうかが肝心だ。ビジネスパーソンなら昼は忙しいので、広告をクリックしても、飛んだ先のページをじっくり読んで購入することは少ない。一方、夜はじっくり読んで、気に入ったら購入するケースが多い。当社の場合、夜のほうが購入に至る率（コンバージョン率）が高いことがわかっている。

採算が合わない時間帯の広告を全部やめると、採算が合っているところだけが残る。

こうすると、売上が下がるので、多くの経営者は嫌がるが、利益率、利益額は上がる。

当社では、５０００本の広告を**毎日**確認する。上限ＣＰＯを超えた広告はフィルターがかかる仕組みになっているので、すぐチェックできる。細かく言えば、商品ごとにインプレッション数、クリック数、使用金額基準があり、基準に満たないものをシステムがピックアップしてくれる。それをいったんやめ、採算が合わない理由を考え、再調整して出稿する。

■「親広告」と「子広告」のマネジメント法

どんな事業でも細かく見ると、赤字の受注はかなりある。それを精査してやめ、**売上を最小化しながら利益を最大化**する。

少し応用的な話になるが、私たちは通常の広告を「**親広告**」、指名検索広告、リターゲティング広告を「**子広告**」と呼んでいる。

指名検索広告とは、当社の「商品名」で検索した人に対して表示する広告のことだ。リターゲティング広告とは、親広告をクリックした人を特定して、その人に繰り返し表示する広告だ。

子広告は、すでに興味がある人への広告なのでコンバージョン率が高いのに対し、親広告はそれに比べると低い。ただ、子広告は、親広告があったからこそ生まれる広告だ。だから、親広告の採算が悪いからとやめてしまうと、子広告は発生しない。

そこで「この指名検索をした人（もしくは、このリターゲティング広告をクリックした人）は、その前にどんな親広告をクリックしていたのか」などの**親子関係をシステムで把握し、親子の連携を考えてCPOのマネジメント**を行う。

たとえば、**上限CPO1万円の場合、親広告1万2000円、子広告8000円なら親子で上限CPO以下**と考えるのだ。

たった8文字追加しただけで売上1・5倍

本章の最後に、**たった8文字追加しただけで売上が1・5倍になった広告施策**を紹介しよう。

特産品のネット通販をしていたとき、一番売れていたのが毛ガニ、ホタテ、甘エビの「お試しセット」（送料込2980円）だった。

当時はネット上に広告媒体はほとんどなかった。そもそも資金がないので、「コストをかけて売る」ことはできない。知恵で売る以外の方法はなかった。

そこで商品の個数を選ぶプルダウンのそばに**「お一人様2個まで」**と**「8文字」**つけ加えた。

すると購入者の約半数が2個買うようになった。

ほとんどの人はモノを買うときに「何個にしよう」と考えず、たいてい「1個」と思っている。「お一人様2個まで」とあるだけで、「何個にしよう?」「2個までしか買えないなら、今2個買っておいたほうがいいかな」と思う。

当時は規模が小さかったので売上インパクトは月間数十万円程度だったが、もし月商1000万円の商品なら「8文字」で月500万円、年間6000万円の売上増になっただろう。広告コストを使うから売れるわけではなく、**「知恵を使うのが王道」**ということを書き添えておきたい。

第6章

ファンの心をつかんで離さない「演歌の戦略」

1 目立つプロモーションはメリットゼロ

■「売れる」と「売れ続ける」は違う

「北の達人」の事業をひと言で言えば、「D to C」×「サブスクリプション」だと前述した。

お客様の悩みを解決する**高品質商品**（第4章）を、ネット広告で宣伝して**新規顧客を獲得**（第5章）し、その後も**定期購入**（第4章）してもらう。

そもそも「モノを買う」といっても、1回目の購入と2回目以降の購入では異なる。

1回目の購入はマーケティング力が大きい。

使ったことのないモノを買うのだから、必ずしも「品質のよいモノ」が売れるわけではない。「よさそうなモノ」が売れるのだ。よさそうかどうかは、デザイン、コピーライティング、商品の写真など「売り方」の部分が大きい。

ただ、「売り方」がうまいだけでは、そこで終わり。「よさそうな」だけで、品質がよくなければリピートされることはない。

一方、2回目以降のリピート購入の場合は、**品質力**が大きい。

「品質のよいモノ」だけが売れ続ける。当社の健康食品、化粧品などはだいたい1か月で使い終わる。気に入った方は毎月購入する。定期購入の売上比率は約7割。当社のお客様は約30万人。一度獲得したお客様が繰り返し買ってくれるから、CPOがかからない。

よって5段階利益管理の販促費などが減り、販売利益が増える。そして、その分を原価にかけている。つまり「品質」に投資をしているのだ。結果、当社の原価率は同業の2〜3倍だが、営業利益率も数倍となっている。

売上を向上させるには、**既存顧客の定着と維持**が重要だ。

しかし、実状は多額の広告費をかけて新規顧客の獲得に注力しているだけの会社が多い。それで獲得した顧客も一度離れてしまうと、新たな顧客を開拓する必要があり、常にCPOがかかる。

商品品質に投資し、既存顧客との関係を維持すると、結果的に一人の顧客がその企業に支払う総額＝**LTV（顧客生涯価値）の向上**につながり、高利益体質になる。

■テレビ取材が殺到した理由

「北海道・しーおー・じぇいぴー」で北海道の特産品を扱っていた2008年、ある仕入れ先から、

「足の折れたカニや端の切れたタラコを安くするから仕入れてくれないか」

と言われた。

品質はいいのに、わけあって安い。食品版アウトレットといったところだ。

そこで私は、「わけありグルメ」専門の通販サイトを立ち上げ、サイズが不揃いのために正規品として販売できない道産品を2～7割引で販売した。

当時は、リーマンショック後の不景気の時期だった。

「見た目はちょっと悪いが、味はまったく変わらない安いカニ」「不揃いだけど激安でおいしいタラコ」などが受け、「お財布にやさしいグルメ」としてメディアに取り

上げられた。

eコマース普及に貢献したサイトを表彰する「日本オンラインショッピング大賞」(EC研究会主催)の最優秀賞に選ばれたことも手伝い、メディアでの取材依頼はさらに増えた。

『みのもんたの朝ズバッ!』(TBS系)、『news every.』(日本テレビ系)、『はなまるマーケット』(TBS系)など当時の情報番組で次々と紹介され、その数は1年で30回に及んだ。

極めつきは『ガイアの夜明け』(テレビ東京系)だった。

「眠れる在庫を〝宝〟に」というテーマで、当社の副社長が「見栄えの悪い夕張メロン」など、様々なわけあり商品を販売に結びつける様子が放送され、全国的なブームとなった。

最初のうちは取材を受けながら、「一発当てたかな。メディアがこれだけ宣伝してくれたら大ヒット間違いなしだ」と思っていた。

だが、その期待はあっけなく裏切られた。売上も利益も上がらないことにすぐに気づいた。

■比較検討されたうえで選ばれる商品を

それはなぜか。

テレビで紹介されることでお客様は確かに増えた。だが、同時にマネる同業者も増えた。中小だけでなく、大手企業も「わけあり」市場に参入してきた。あっという間のことだった。

「わけありグルメ」で検索すると、似たサイトがずらっと並ぶため、お客様はテレビで見た当社のサイトがどれかわからない。検索した中で一番よさそうな商品、一番安い商品を探す。

「わけありサイト」は食料品だけでなく、「わけあり家電」「わけあり家具」「わけあり客室」「わけありツアー」など大きなブームとなった。

この状況を冷静に見て、「わけありグルメ」のサイトは当社の成長エンジンにはならないと判断した。

今の時代は、ブームを起こした人にその恩恵はもたらされない。

ネットが普及する前、ブームの果実は起こした当人に集中した。

しかし、現在は検索エンジンやネットですぐに調べられる。ブームが起きると便乗する会社がたくさん出てくる。アイデア勝負のビジネスはすぐにマネされ、ブルーオーシャンはすぐにレッドオーシャンに変わる。

検索エンジンで**比較検討されたうえで選ばれる商品**をつくらなければならないのだ。

■なぜ、ブームが去っても定期購入されるのか

ブームは一過性のもので、すぐにマネされる。売れ続けることはない。

様々な学びから、商品の品質で勝負するオンリーワンでなければならないと考えた。ベーシックな商品をロングで売り、本当に気に入ってくれたお客様とだけおつき合いする。

健康食品、化粧品には、酵素、水素水、ＣｏＱ10、レスベラトロールなどブームになる素材がたくさんあるが、話題になっては消えていく。ブームで買ったお客様は、次のブームの商品に乗り移っていくので、固定客になりにくい。

当社はオリゴ糖、梅肉エキス、竹酢液、ヒアルロン酸など、ブームに左右されないベーシックな素材を使い、効果が高いかどうかで商品開発を行っている。ブームにな

っている素材を採用した場合でも、それを前面には出さずに商品開発する。それを買ったお客様はブームだから買ったのではなく、商品を気に入って買っている。そんなお客様はブームが去っても定期購入してくれることがわかっている。

■行列のできる店が成功したと言えない理由

ブームという点で、「行列のできる店」を考えてみたい。

行列ができている現実を経営的観点で考えてみると、「機会ロス」だ。需要に対応できない＝対応できれば取れる売上を上げられていないことになる。

その際、店舗を拡大したり、人を増やしたりして供給量を上げて行列をなくしたらどうなるだろう？

ここで別れ道が待っている。一つは機会ロスをなくしたことで売上が上がる店。もう一つは行列がなくなったことで希少価値が下がり、売上が下がる店だ。

同じ行列でも意味が違う。前者は「品質」でできた行列であり、後者は「話題」でできた行列だ。

「なぜこの商品を買ったのですか」

「今すごく人気なので」

ということはある。「人気なので」とは「売れているから買う」ので、「なぜ人気になったか」は誰もわからない。それがブームだ。話題でできた行列は、供給量を上げるとすぐにダメになる。だから、まずは**品質の行列**をつくる。その後、行列がなくなるように、品質を維持・向上しながら徐々に供給量を上げていく。

行列のできるラーメン店が多店舗展開して行列がなくなり、メディアに取り上げられなくなっても味がよければ売れ続ける。多店舗のチェーン展開をしたほうが利益は増える。

話題になることと利益が出ることは別だ。品質勝負で、店舗数を増やしたときにお客様も増えるなら、店舗数を増やしたほうがいい。希少価値で勝負するなら、席数は少ないままでいい。行列ができたら成功ではない。**行列がなくなった後**に本当の成功かどうかが決まる。

■プロモーションは目立たないほうがいい

さて、プロモーションには2種類ある(図表33)。

「目立つプロモーション」と「目立たないプロモーション」だ。

目立つプロモーションは、テレビＣＭやイベントなど、不特定多数の人を対象に「目立つ」「話題になる」ことが目的だ。

目立つプロモーションで、売上が上がらないケースは、自己満足、内輪受け、消費者不在になっている。

一方、売上が上がると、競合に目をつけられ、競争が激しくなり、利益率は下がる。

目立つプロモーションは会社にとってメリットがまったくない。テレビＣＭをたくさん打っても、売上も利益も出ないケースがある。

それに対し、目立たないプロモーションは、ターゲットのみに認知されることが目的だ。

目立たないプロモーションで売上が上がらないケースは、目立たなすぎてターゲットに認知されていないのだ。

一方、**目立たないプロモーションで売上が上がると、競合が生まれないので永続的に成長できる。**目指すべきはココだ。

「北の達人」は目立たないプロモーションを行っている。ネット広告は商品ごとにターゲットを絞って出稿する。だから、ターゲットの外には認知されていない。

図表33｜目立つプロモーションと目立たないプロモーション

目立つプロモーション ――― テレビCMやイベントなど、不特定多数の人を対象に「目立つ」「話題になる」ことを目的にしたプロモーション

目立たないプロモーション ―― ターゲットのみに認知されるように仕組んだプロモーション

	売上が上がらない原因	売上が上がると
目立つプロモーション	1 自己満足、内輪受け、消費者不在	2 競合に目をつけられ、いずれ競争が激しくなり、利益率が下がる
目立たないプロモーション	3 目立たなすぎて消費者に認知されていない状態	4 売上が上がり、競合が生まれないので、永続的な成長が可能

認知度があり有名だが、利益が出ていない会社は
「目立つプロモーション」をしている

広告の目的は目立つことではなく、利益を生み出すこと

たとえば、若い人でウェブマーケティングに興味のある人は、「北の達人」は知っていても、「北の快適工房」という健康食品、化粧品のブランドについてはほとんど知らない。

また、株主総会のとき、ある年配の男性株主から、

「『北の達人』はのびていると聞くけれど、実感がないな。おたくの商品を見たことも聞いたこともない。まだまだだな」

と言われたことがある。

それは「ほめ言葉」だ。

なぜなら、その人がターゲット外だからだ。「目の下の加齢」に悩んでいない人が、それを解消するクリームを知っていても意味がない。「便秘」に悩んでいない人が、それを解決してくれる健康食品を知っていても意味がない。

オリゴ糖の健康食品を扱い始めた頃、お客様はどんな言葉で検索するかを考えた。

その際、**妊娠した女性は便秘になりやすいが、便秘薬は飲みたくない**という情報を得た。

強い便秘薬を大量に服用すると、流産を誘発する可能性があるという。そうしたことから便秘にならない体質になりたいと思っている。オリゴ糖は腸内環境をよくし、

便秘になりにくい体質に変える。そこで**「妊娠」「便秘」と検索すると、当社の広告がヒットする**ようにした。

でも、ターゲット外の人はその商品の存在すら知らない。それは競合が生まれにくいということでもある。

広告の目的は目立つことではない。利益を生み出すことだ。目立たないプロモーションが一番利益を生む。

スキルの低いマーケッターは、目立つプロモーションをやりたがる。なぜならテレビＣＭなどを指して、「あれは自分がやった」と言いたいからだ。広告代理店は目立つプロモーションをどんどん提案してくる。一時的な売上を上げることしか考えていないからだ。

本当にスキルのある人は、目立たないプロモーションで利益を上げることを考えている。

■知名度がなくても実力があれば売れる

今から30年くらい前、学生援護会の『ＤＯＤＡ（デューダ）』のテレビＣＭが大ヒットし、「転職する」＝「デューダする」と言われた。『ＤＯＤＡ』は転職情報誌の代名詞だった。

しかし実は、『ＤＯＤＡ』よりリクルートの転職情報誌『ビーイング』のほうが売上（求人広告掲載費売上）は高かった。当時は『ビーイング』のほうが営業力でまさっていた。その経験から**「知名度がなくても実力があれば売れる」**と感じている。

当社は知名度には無頓着だ。お客様は**「本物」を見抜く目**を持っている。「知名度がないのに売れている」が本物の証拠であり、**誇るべき事象**だ（「知名度は必要ない」というわけではなく、「知名度は必須条件ではない」という意味だ）。

周りから有名でカッコいいと思われたいのか、利益を出したいのかによって、やるべきことは変わる。

当社は、知名度を上げるためだけの無駄なことに、お金も時間もかけないから利益が上がっている。

極論を言えば、購入者だけに商品の存在を知ってもらえればいい。むやみに知名度を上げようとするとコストがかかるので、買う人以外には認知されないようにしたい。商品を必要とするお客様だけに知ってもらい、そのお客様と長くおつき合いする。

少しずつお客様が増え、結果的に知名度が上がるのが理想だ。

2

必要な人だけに広告を届ける「マーケティングファネル」の思考法

■Ｄ to Ｃを制する「マーケティングファネル」とは

「北の達人」はいわゆるＤ to Ｃ企業である。

自ら企画・生産した商品を、小売店等の一般流通を介さず、消費者にダイレクトに販売する。ソーシャルメディア、ＥＣサイト、直営店舗で消費者とコミュニケーションを取り、自ら生産した商品を販売する。アパレルブランドや美容化粧品ブランドの多くが採用している形態だ。Ｄ to Ｃは顧客とダイレクトに接点を持つ。

一方で、Ｂ to Ｃは一般的に小売店経由で商品を販売しているため、どのような人がどれほどの頻度で商品を購入しているのか把握しにくい。しかし、Ｄ　to　Ｃの場合は、自社に販売チャネルがあるので、顧客情報を蓄積でき、顧客に合わせたきめ細かいサービスを提供できる。

ここでは、**Ｄ to Ｃのマーケティングファネル**について考えていく。

マーケティングファネルとは、お客様に認知され、興味・関心を持ってもらい、比較検討され、購入に至るまでのフローのことだ。

仮に最初に１００人に認知されると、割合として60人が興味・関心を持ち、30人が比較検討し、10人が購入するというように対象者が絞られていく。

図表34を見ると、ある会社は認知コスト（広告費）として１億円を使い、売上１億１０００万円、利益１０００万円となった。

では、利益を10倍の１億円にするにはどうしたらいいか。

従来のマーケティングの考え方なら、認知コストを10倍の10億円にし、売上11億円、利益１億円を目指すだろう（**図表35**）。

だが、この方法では**人口上限**という壁にぶつかる。ネット広告でもテレビＣＭでも、見ている人の数には限りがある。

そこでＤ　to　Ｃの場合は、目立たないプロモーションを行う。つまり認知を絞るわけだ。

図表34｜D to Cのマーケティングファネル①

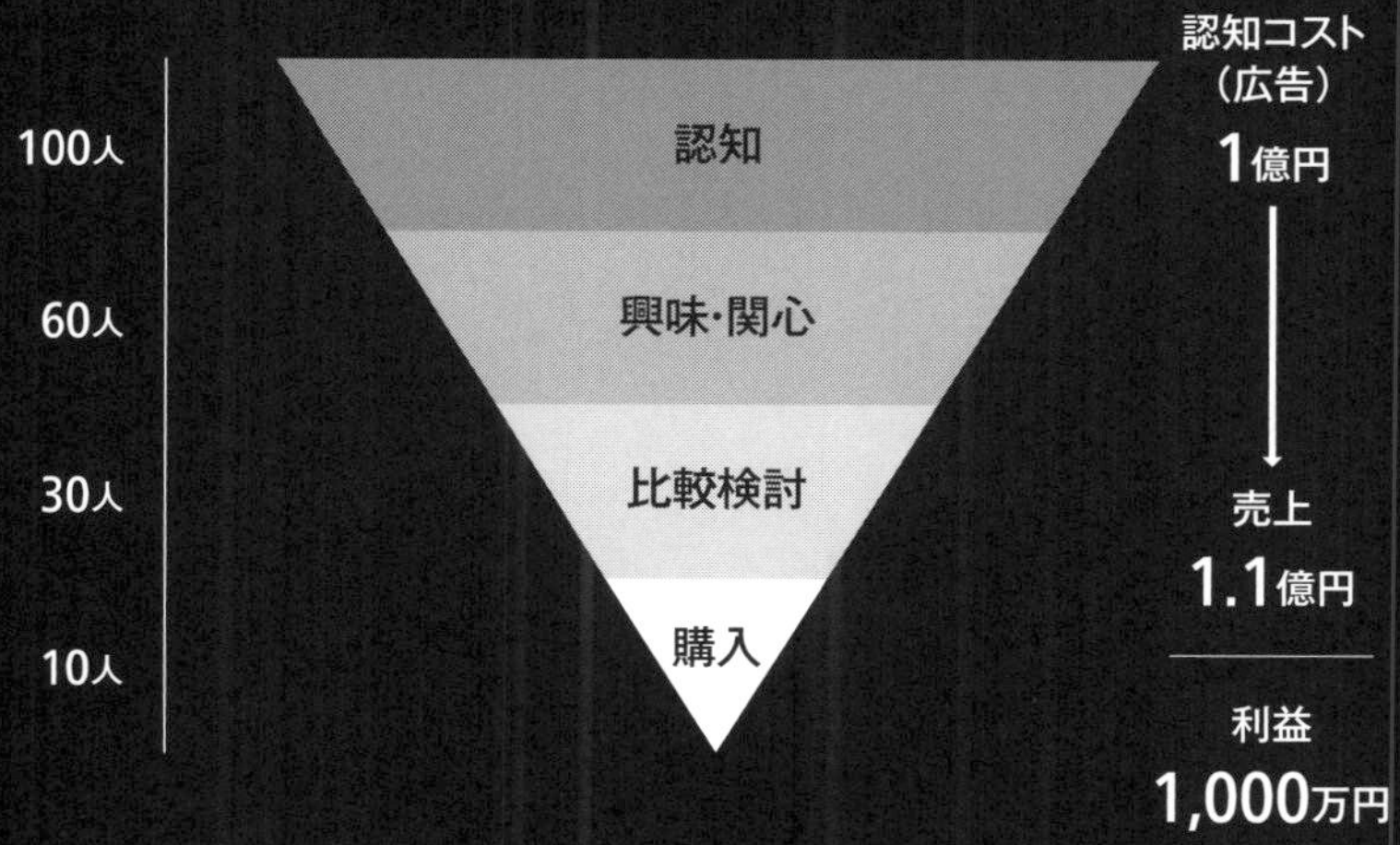

認知コスト（広告費）として1億円を使い、
売上1億1,000万円、利益1,000万円となった

図表35｜D to Cのマーケティングファネル②

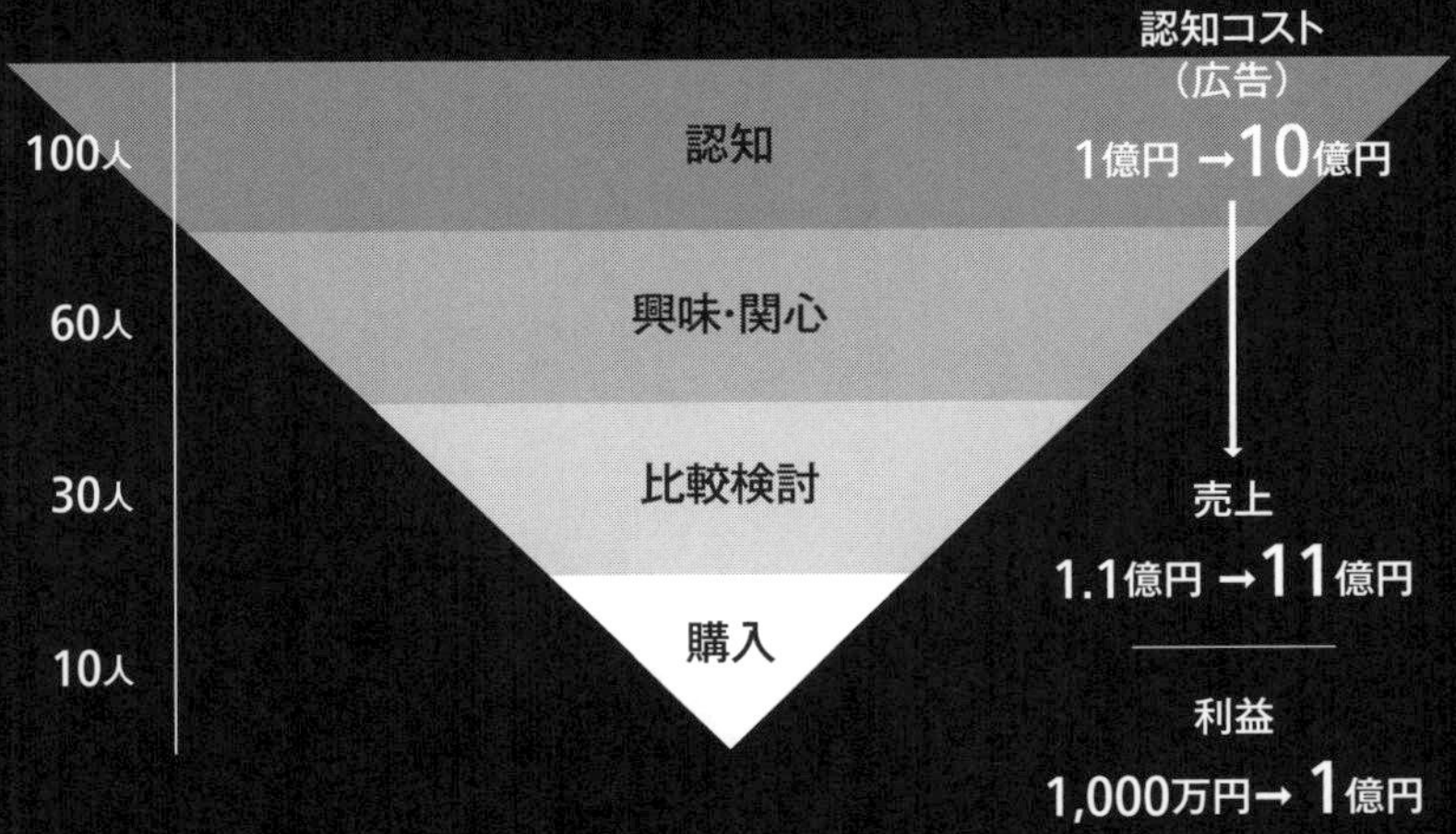

従来のマーケティングでは、認知コストを10倍かけ、
認知を10倍にする
↓
だが、いずれ人口上限にぶち当たる

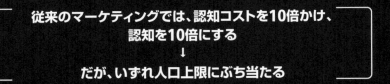

図表36のようなイメージだ。

認知コストを1億円から**1000万円**に下げ、「認知したけれど買わない人」を削り、「買いそうな人だけ」に認知させる。

テレビCMを打ったところで見た人の大半は買わない。買わない人に認知してもらうのは無駄。買わない人へのアプローチを一切やめるのだ。

1億円の認知コストで10億円の利益

これにより**売上はそのまま、コストを下げて利益を10倍**にする。

これはネット広告のように、ターゲットセグメント機能にすぐれている手法があるからできることだ。

図表36を見れば、**「商品は知らない」がほめ言葉**という意味がわかるだろう。

私に「『北の達人』という社名は聞くけれど、おたくの商品は知らない」と言った人は、**図表36**の**逆三角形の中の黒いゾーン**の人なのだ。

これを10ジャンル（商品）に展開すれば、**1億円の認知コストで10億円の利益**を上げられる（**図表37**）。

図表36｜D to Cのマーケティングファネル③

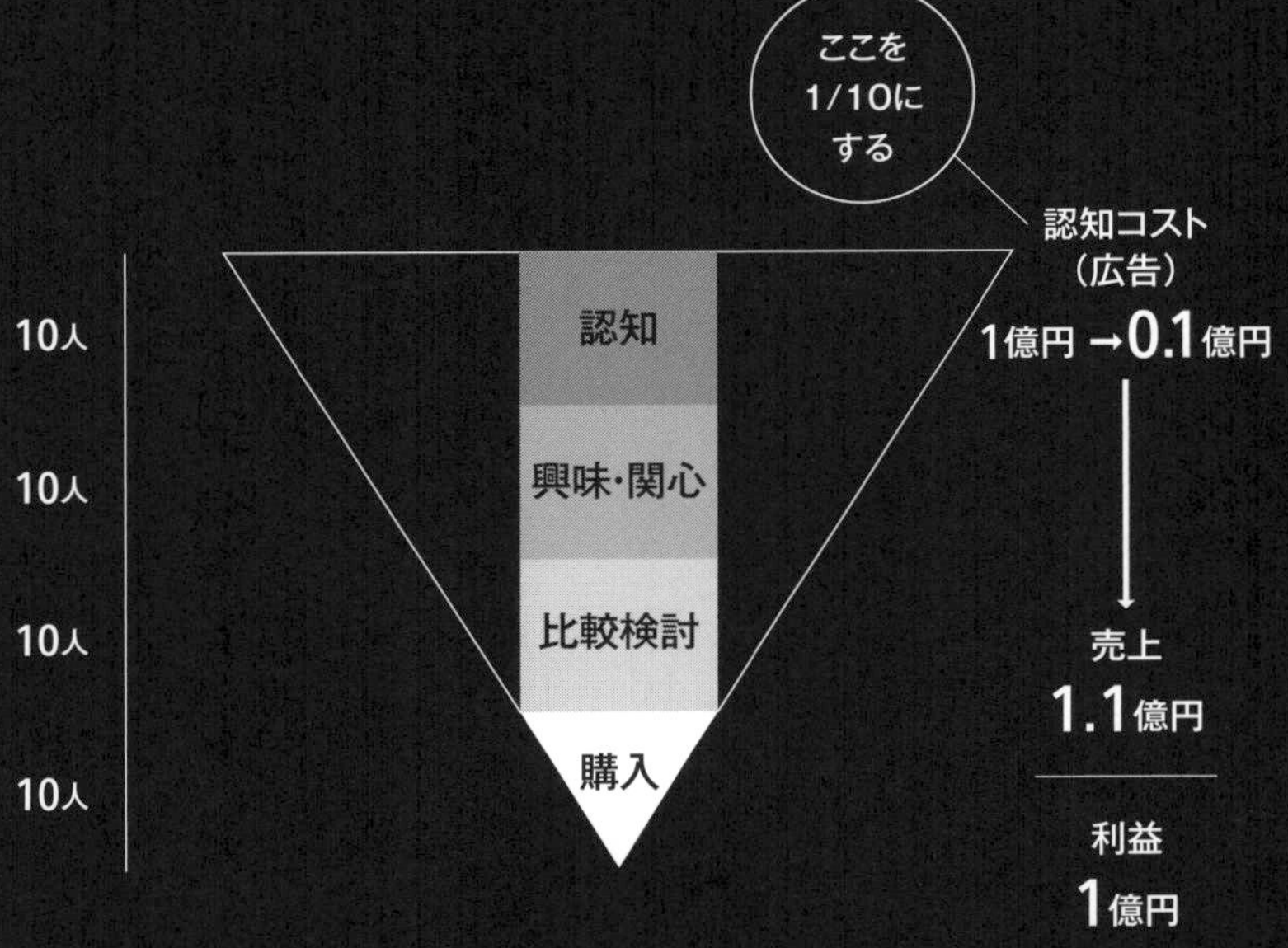

購入する可能性が高い人だけに認知させるよう、
広告範囲を絞り込む

※ネット広告だからこそできること

図表37｜D to Cのマーケティングファネル④

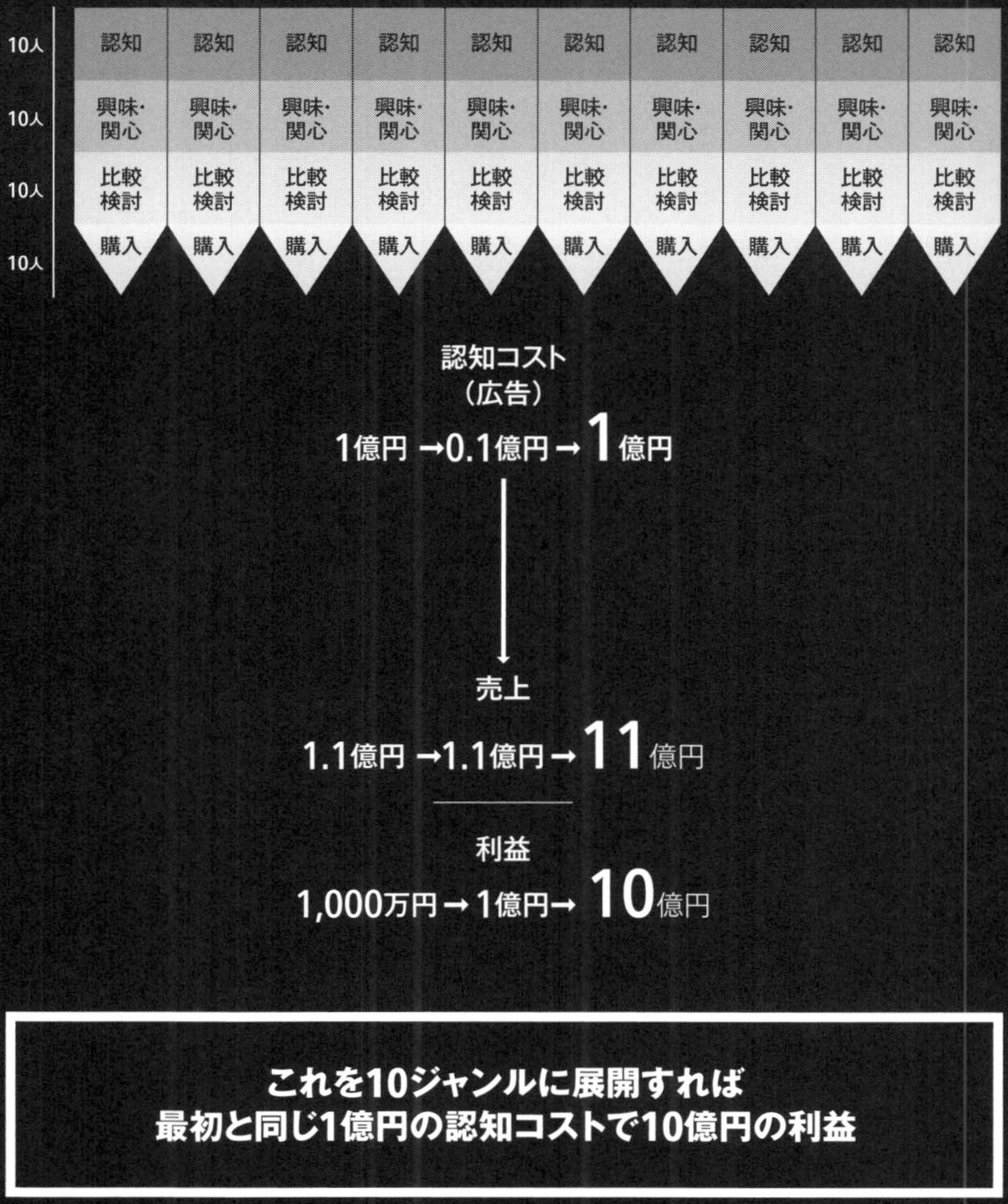

広告に携わる人の中には、「広告は嫌われている」と思っている人がいる。「テレビＣＭはスキップされる」「ネットで広告が表示されると、うっとうしいと言われる」などと嘆くクリエイターもいる。

そういった人たちには、なぜうっとうしいと思われるのかを考えてほしい。商品ターゲット外の人に伝えているから、うっとうしいと思われるのではないか。消費者にとって自分に関係のある商品広告は有益な情報だ。

ただし、これができるかどうかは商品の性質と関係する。

「北の達人」は「お客様の悩みごとを解決する」ニッチな商品を複数展開している。多くの人に気に入ってもらう商品ではなく、特定の悩みを抱える人なら高確率で購買される商品をつくってきた。

たとえば、オリゴ糖からつくった健康食品は、発売当初、「妊娠」「便秘」とキーワード検索した人の１００人に一人が買っていた。検索した人の10％が広告をクリックし、ページにきた人の10％は購入した。

購入確率の高い人だけに広告を配信する。ネット通販はターゲットを絞り込んで展開できるので、比較的ＣＰＯが低い。テレビＣＭを打たないかという話はたくさんあるが、ＣＰＯが高いので当面やるつもりはない。

■「誰に、何を、どう、伝えるか」の「何を」がクリエイティブのカギ

広告を考えるとき、多くの人は「どう、伝えるか」をいきなり考える。

だが、その前段階として必要なのは、**「何を」**だ。

たとえば、iPhoneについてユーザーに伝えようとしたとき、いきなりiPhoneのキャッチコピーを考えるのではなく、**iPhoneの強み、他の商品との違いを考え、何を言うか**をまず考える。

iPhone発売初期の頃は、「まったく新しい便利なもの」と商品自体の普及活動をしていた。マーケットが変わり、スマホが当たり前になってくると、「カメラ性能のよさ」を伝えた。iPhoneで撮影した高画質映像を流し、「こんな映像も撮れます」「iPhoneで撮った映像を人に見せると感動された」などをアピールしていた。

ユーザーは**「何を」の部分に反応**する。

大手予備校の代々木ゼミナールのキャッチコピーに「**志望校が母校になる。**」がある。名作キャッチコピーとして注目を集めたが、だからといって代々木ゼミナールに行くかというと話は別だ。どの予備校でも当てはまるコピーであり、代々木ゼミナール

ならではの特徴、優位性がまったく含まれていないとも言える。

一方で、ある予備校のコピーは「**志望校合格率95%**」と、キャッチコピーとしては平凡だが、これには予備校生から大きな反響があったという。その予備校は「その予備校でしか言えない実績」を言っているので「差別化」ができている。要するに「**何を言うか**」なのだ。

「どう伝えるか」の部分は平凡でも、ターゲットにはダイレクトに刺さる。

一般論だが、世間で広告が評価された商品はそれほど売れない。

一方で、商品が売れた広告は、広告としてはあまり評価されない。売上につながる広告メッセージの多くは、差別化ポイントをストレートに表現しているので、広告としてはあまり面白みがなく、作品としては評価されないからだ。

しかし、売上につなげるには、**何を伝えるか**が大事で、それでも差別化できないときに、「どう伝えるか」を工夫する。

ウェブマーケティングは「**誰に、何を、どう、伝えるか**」の「**誰に**」の部分はウェブメディアのセグメント機能によって精度を上げ、「**何を、どう、伝えるか**」の部分を広告表現のクリエイティブでつくり上げる仕事だ。

ウェブ以前のマーケティングでは、「誰に」というセグメントをまず考えた。

主婦向けの商品なら、クリエイティブの中で「主婦向け」とわかるようにした。テレビCMの最初の1秒で、主婦の格好をした人が登場し、主婦の目を留める。CMを放送する時間帯も、主婦が多く見ている時間帯にする。

一方、現在のウェブマーケティングでは、グーグルやフェイスブックのAIが「この人は主婦ではないか」と把握している。セグメントはウェブメディアが行う。より買ってくれそうな人に、買ってくれそうな時間帯に自動配信する。

ただし、セグメント機能は、「誰に、何を、どう」の「誰に」の部分を肩代わりしたにすぎず、**「何を」「どう」の部分は相変わらず、クリエイティブの役割**だ。今後のウェブマーケティングにおいて**クリエイティブの重要性はさらに高まる。**

さらに、「誰に」の部分が個人情報保護の観点から規制されてくる。

ヨーロッパでは個人情報を無断で取ってはいけない法律（GDPR＝EU一般データ保護規則）ができている。今後、ウェブマーケティングでターゲットをセグメントする機能がどんどん使えなくなるだろう。昔のテレビCMのように、クリエイティブで「誰に」をセグメントしていけるようにならないと広告効果は落ちる。

よって、マーケッターは、原点回帰でターゲットを絞り込める**広告表現のクリエイティブ力**を身につけなければならない。

3

一回買ってくれた人とは一生つき合う

■お客様に愛され続ける「演歌の戦略」とは

利益を上げるには目立たないプロモーションで、必要としてくれるお客様に出会う。そして、そのお客様に**愛され続ける**。これが一番だ。

私はこれを「**演歌の戦略**」と呼んでいる。

子どもの頃、ランキング形式の歌番組を見ていて不思議に思ったことがあった。番組では、毎週ランキング10位から1位の曲を生放送で発表した。上位にランキングされるのは、若手の人気歌手が歌うポップスが中心だった。

番組の途中に20位から11位の曲を紹介するコーナーがあった。ここに長い間ランキングされている演歌の曲があった。知らない曲だった。歌手も知らなかった（正確に言えば、子どもだったので演歌になじみがなかっただけなのだが）。ランキングが毎週大きく入れ替わる中で、その演歌は長期間20位以内をキープし続けた。

そして驚いたことに、年末に発表された年間ランキングでは上位に入った。これが「テレビでの露出が多いことと売れることとは違う」と感じた原点だったと思う。

それ以来私は、「演歌歌手はなぜテレビに出ないのに売れるのか」と考え続けた。

のちに音楽業界の人に聞いた話だが、演歌歌手は「**お客様と直接会って握手をすること**」を大事にしているという。

テレビで見るだけの人気歌手より、実際に握手した歌手のほうが親近感が生まれるし、応援したくなる。「あの人が新曲を出したから買おう」と思う。「**演歌歌手は3000人と握手したら一生食べていけると言われている**」と教えてもらった。

考えてみると、北海道出身の歌手はこの戦略を取る人が多い。

北島三郎さんや細川たかしさんは演歌歌手なので言わずもがなだが、松山千春さん、中島みゆきさん、ＧＬＡＹなどもあまりテレビに出ない。しかし、ライブをやり続け、お客様の心をつかんで何十年も活躍し続けている。

■毎日30分、ファンにバースデーコメントを書くGLAYの戦略

GLAYは、ある時期まではテレビによく出ていた。

あれはライブにお客様を呼ぶための広報戦略だったのだろう。

1999年に幕張メッセ駐車場特設ステージで開催した『GLAY EXPO '99 SURVIVAL』では、単独アーティストによる有料ライブ（一公演あたり）の世界記録（当時）となる20万人を動員した。これ以上ファンが増えても、ライブで受け入れられなくなったという時点でテレビに出るのをやめたのだと思う。

2010年からは自主レーベルを設立して活動し、公式ストア「G-DIRECT」が開設された。ファンクラブも自分たちで運営している。

ボーカルのTERUさんは、ファンクラブの掲示板の中でファンの誕生日に合わせ、**毎日バースデーコメントを一人ひとり個別に書き込んでいる**。それは大変なことだが、そのコメントをもらったファンは、一生GLAYのCDを買い続けるだろう。

逆に考えると、1日30分やり続けるだけで、一生買い続けてくれるファンを毎日量

産しているのである。これはとても効率的なマーケティングと言える。顧客に愛され続けるには「**特別感**」を提供し、ロイヤリティを持ってもらうこと。そのためには、一対一のコミュニケーションを提供することが重要。テレビで関係性の薄いファンをつくるより、関係性の濃いファンをつくるほうが効率的だ。

■社内に「商品カウンセリング課」をつくった理由

「北の達人」には「商品カウンセリング課」がある。これは「カイテキオリゴ」の発売直後に創設された。

商品を発売するときは、どんな問合せがきても答えられる状態にしてから発売する。商品に同封する「使い方の説明書」なども、商品カウンセリング課でつくり込む。最初は一般企業のようにカスタマー部門があり、そこのスタッフが商品について勉強し、お客様対応もしていた。

だが、カスタマー部門の業務は多様だ。注文処理、配達日変更、決済方法の問合せなどもある。お客様の商品や健康、美容に関する問合せとは業務の種類が違う。

そこで独立させることにした。

商品カウンセリング課のメンバーは、管理栄養士、コスメコンシェルジュなどの資格所有者から構成されている。

ここの部署にはルールがある。それは「**商品を売ってはいけない**」ことだ。お客様から商品の使い方に関する問合せがあったときに、「もう1個追加でほしい」と言われたら、「販売部に転送します」と言うよう徹底した。

商品カウンセリング課は演歌歌手のファンとの交流の機能を果たしている。あるいはTERUさんのバースデーコメントのようなものだ。バースデーコメントが有料だったら意味合いが変わってしまう。

お客様と商品カウンセリング課の担当者が直接対話することで、お客様の気持ちがわかる。お客様は、自分自身の悩み、暮らしの中で大切にしていること、価値観、家族の悩みなどを話してくれる。これでお客様の心理的な側面を理解することができる。

商品開発やマーケティングを行ううえで、このプロセスはとても重要だ。お客様一人ひとりに割く時間と人件費はかかるが、得られる情報の質を考えると、利益につながる有用な投資となっている。

AKB48も「演歌の戦略」で大ヒット

マーケティングは、「ミュージシャンの戦略」がとても参考になる。

GLAYはどうやってのびてきたか。シャ乱Q、LUNA SEA、X（現X JAPAN）はどのようにファンを増やしてきたか。彼らの活躍はそのままマーケティング戦略の教本として使える。

こうしたバンドも基本的に「演歌の戦略」を採用している。

シャ乱Qは大阪城ホール前の路上で活動していた。路上ライブにきてくれた人と仲よくなる。楽曲だけでなく人間性も含めてファンをつくっていった。

LUNA SEAも、とことんファンを大事にする。Xもアマチュアのときからライブ終了後、きてくれたお客様を交えて懇親会を開いていた。こうしてお客様を少しずつ増やしていったのだ。

この様子をじっくり見ていたレコード会社のプロデューサーは、「彼らの曲はよくわからないが、お客様を呼べる。デビューしたらCDは売れる」と考えただろう。

お客様をつかむという点がすごく大事だ。楽曲だけで勝負しているアーティストは、楽曲の出来不出来にヒットが左右される。「この曲はよかったが、この曲はよくなかった」というのでは常に不安定だ。一方、ファンとの関係性を築いているアーティストは常に安定している。

秋元康さんがプロデュースしたＡＫＢ48のコンセプトは、「品質と満足度でお客様をつかむ」ことにあったと思われる。

１９８０年代に秋元さんがプロデュースしたおニャン子クラブは、テレビで流行ったものの、一過性のブームで終わってしまった。このときに秋元さんは一対多のファンづくりは長続きしないと感じたのではないだろうか？

そこでＡＫＢ48は、おニャン子クラブにはないコンセプトにした。

秋元さんは**マーケティングの本質が一対一**であるとして、ファンを一人ずつつくっていこうとしたのだろう。

だから直接会える劇場をつくった。

一回目の公演のお客様が7人だったという伝説のエピソードがある。

他のスタッフはテレビ業界の人たちなので、「失敗した」と思ったそうだが、秋元さん自身は最初からファンを一人ひとり増やしていく戦略で考えていたので、失敗とは思わなかった。

そのほうが絶対根強いファンができると確信していた。すると実際、ファンがどんどん増えた。

そして、ＡＫＢ48の「一対一」を象徴する「握手会」は社会現象となった。ＡＫＢ48も「演歌の戦略」なのだ。

そして、一人で同じＣＤを何十枚、何百枚も買うファンまで現れた。

ここまでくると行きすぎの感もあるが、そこまでしても応援したいという想いを持ったファンが出てきたのは、ある意味強烈である。

「一対一のファンづくり」は絶大な影響力を生み出す。

第7章

未経験者でも利益を上げ続ける人材戦略

1

未経験者でもすぐ成果が挙がる業務改善

■他の東証一部企業と「北の達人」との違い

当社は従業員一人あたり利益の大きさから、業務をアウトソーシングしているのではないかと思われることが多い。アウトソーシングして人数が減れば、一人あたり利益が増えるからだ。

しかし、実際には、外部に出さず、ほぼ自前でやっている。

コールセンター、広告運営も自前だ。数年前まで商品の梱包・出荷も自社で行っていたが、現在は倉庫のキャパシティがオーバーして、外部に委託している。

アウトソーシングのデメリットは、全体最適を見たシームレスな業務改善ができなくなることだ。

だから、外部委託していた業務でも、非効率になったら、自分たちで再度引き取って効率化を図っている。

また、「利益が高いのは社員の給料を抑えているからだ」と言われることもある。

これも固定費の削減、利益増加につながるからだ。

しかし、当社の新卒社員の初任給は札幌本社で34万円、東京支社で38万円（勤務地による調整）で、日本で2番目（２０２１年実績）の高さだ。

厚生労働省が発表した「令和元年賃金構造基本統計調査結果（初任給）の概況」では、大卒男女の平均初任給は21万２００円。ただし、当社は賞与がないから、年収にすると札幌本社４０８万円、東京支社４５６万円になる。

国税庁の「年齢階層別・勤続年数別の平均給与」によると、新卒の平均年収は約２５０万円だから、給料は決して低くない。さらに当社には、半年ごとに固定給が上がる制度、仕事の評価に応じて固定給が上がる制度がある。

■「ABC利益率」を把握し、新卒を即戦力化する

当社では、**新卒でも即戦力になるよう、業務体制の組み方を工夫**している。

これは経営者の重要な仕事だ。

業務オペレーションの組み方によって、5段階利益管理のABC（アクティビティ・ベースド・コスティング→117ページ）は変わる。

ABC利益は、**販売利益から商品ごとの人件費を引いて**求める。

ABC利益＝販売利益－ABC（商品ごとの人件費）

前に触れたように、当社がABCを意識し始めたのは、北海道の特産品を扱っていた「北海道・しーおー・じぇいぴー」から、健康食品や化粧品を扱う「北の快適工房」に移行する頃だ。

北海道の特産品は、商品数が多かった。それぞれキャンペーンも行うため、商品ご

とにかかる手間と利益に差があった。さらに、健康食品や化粧品と比べると、手間と利益に格段の差があった。

そこで**商品ごとのＡＢＣ**を計算してみた。

商品・サービスの販売にかかる間接コスト（人件費）をその比率に応じて配分し、商品・サービスごとの収益を把握した。

すると、**北海道の特産品より「北の快適工房」のほうがＡＢＣが圧倒的に低く、ＡＢＣ利益、ＡＢＣ利益率が高い**とわかった。

少ない手間で大きな利益を出している。これを知ったとき、ＡＢＣ利益率を把握する重要性を実感し、今日まで継続的に管理している。

ＡＢＣ利益率の動きを見ると、いかに適切な業務体制が構築されているかがわかる。

ＡＢＣ利益率を見ながら、**業務オペレーションを改善し、人の配置を変える**のだ。

■パンクで痛感したオペレーションの大切さ

特産品の通販をやっている頃、物流のパンクを経験し、オペレーションの大切さを思い知らされた。

パンクには2種類ある。一つは宅配業者のパンク、もう一つは自社倉庫のパンクだ。宅配業者は荷物を拠点に集めて振り分けるが、拠点のキャパシティを超えるとパンクする。そうなると荷物を引き受けてさえもらえない。

自社倉庫の場合、注文が多すぎて出荷が間に合わなくなる。年末になると、カニの注文が殺到する。嬉しい悲鳴だが、マンパワー不足で対応できない。当時は1件を梱包して出荷している間に3件注文が入るという感じだった。

現場のキャパシティを超えると出荷遅滞が発生し、ヒューマンエラーの増加、スタッフのモチベーション低下など様々な問題が表面化する。結果的にお客様に迷惑をかけた。

現場業務の改善が必要だと思った。

しかし、1年目はどうしていいかわからない。ひたすら頑張るしかなかった。

夜中までずっと現場で梱包していた。すると次第に、メンバーがもう無理だとあきらめていく。

「社長、もう、これ、無理っすよ」

「そうですよ。無理ですよ」

そして無言になる。動きが止まる。一人、二人と座っていく。

私と責任感の強いスタッフだけで夜中まで梱包を続けたが、パンクを防ぐことはできなかった。

注文件数が少ないときであれば、一人で全工程をやるのがいい。

注文票に「タラバガニ3個」「花咲ガニ2個」と書いてあったとしよう。

その場合、一人で商品をピックアップし、梱包し、送り状を貼り、出荷棚に置く。

では、注文件数が多くなったらどうなるか。

仮にアルバイトを増やし、同じやり方で作業してもうまくいかない。新人はどれがタラバガニで、どれが花咲ガニかわからないからだ。

実際、注文が急激に増えたとき、臨時のアルバイトに入ってもらったことがある。

彼らはカニの種類がわからず、その場に立ち尽くしていた。

ベテランアルバイトは、「この人たちは仕事ができない」と怒ったが、それは無理もないことだ。

そこで私は、業務の組立を変えた。

注文件数が多い場合、作業工程を分け、分業にする。作業難易度に応じて人を割り振る。前述の工程を、次のように分解した。

①注文票を印刷する
②伝票に書かれた商品をピックアップする
③ピックアップしたものを箱詰めする
④送り状を貼り、出荷棚に置く

①、③、④は誰でもすぐできる仕事。②はカニの種類がわからないとできない仕事だ。

そこで②に経験者を集中的に配置し、①、③、④に臨時のアルバイトを配置する。急に注文が増えたら、注文票の印刷だけする人、商品のピックアップだけする人、箱に詰めるだけの人、出荷するだけの人と分けたほうが効率的だ。

仕事には未経験でもすぐできるもの、熟練しないとできないものがある。そこに着目して人員を配置したのだ。

セル方式、ベルトコンベア方式のメリットとデメリット

この考え方は様々な業務改善に応用できた。

私が創業した頃は、ネット通販経験者がほとんどいない時代だった。

Ⓐ・Ⓑ・Ⓒ・Ⓓの4つの部品を組み立てる仕事があった場合

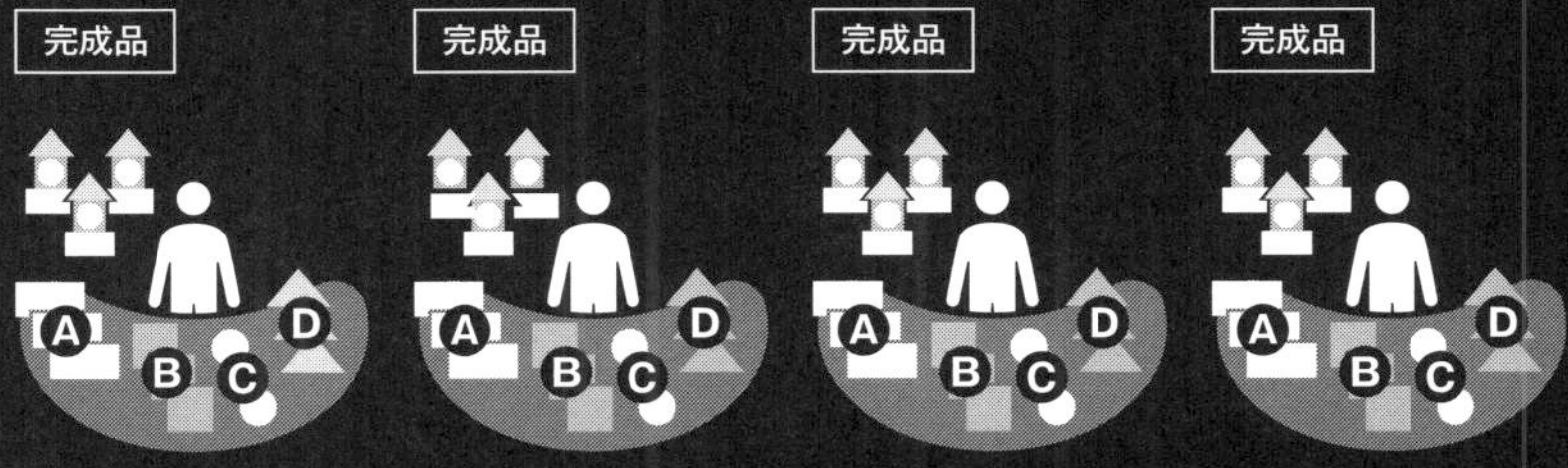

【セル方式】一人ずつが責任を持ってつくる

- 一人で4つの工程ができるようにならないと戦力にならない ➡ 戦力化が遅い
- Ⓐ、Ⓑ、Ⓒを組み立てる工程が得意でも、Ⓓを組み立てる工程が不得意だとトータルクオリティが下がる

そもそもネットでモノを買う人がいないのだから、ネットでモノを売る人はもっといない。採用しても経験者はいない。そこで、**未経験者だけでも成果が挙がる組織づくり**を考えた。

Ⓐ、Ⓑ、Ⓒ、Ⓓの4つの部品から製品を組み立てる仕事があったとしよう。このとき、やり方は2つある。

一つは**図表38**に示す**セル方式**だ。

一人ひとりが4工程をすべて受け持って製品をつくる。この場合、一人ひとりの裁量が大きく、仕事でモチベーションと責任感が高まる。同時に技能も大きく向上し、現場の活性化につながる。

一方で、作業者が複数の技術を高いレベルで習得する必要があるので、教育に**時間とコストがかかる**。Ⓐ、Ⓑ、Ⓒを組み立てる3工程が得意でも、Ⓓを組み立てる工程が不得意だと作業の品質が下がる。

もう一つは、**図表39**に示す**ベルトコンベア方式**だ。

4工程の作業内容を分析し、それぞれ熟練者向きの仕事か、新人でもできる仕事か考える。

▬・■・●・▲
Ⓐ・Ⓑ・Ⓒ・Ⓓ の4つの部品を組み立てる仕事があった場合

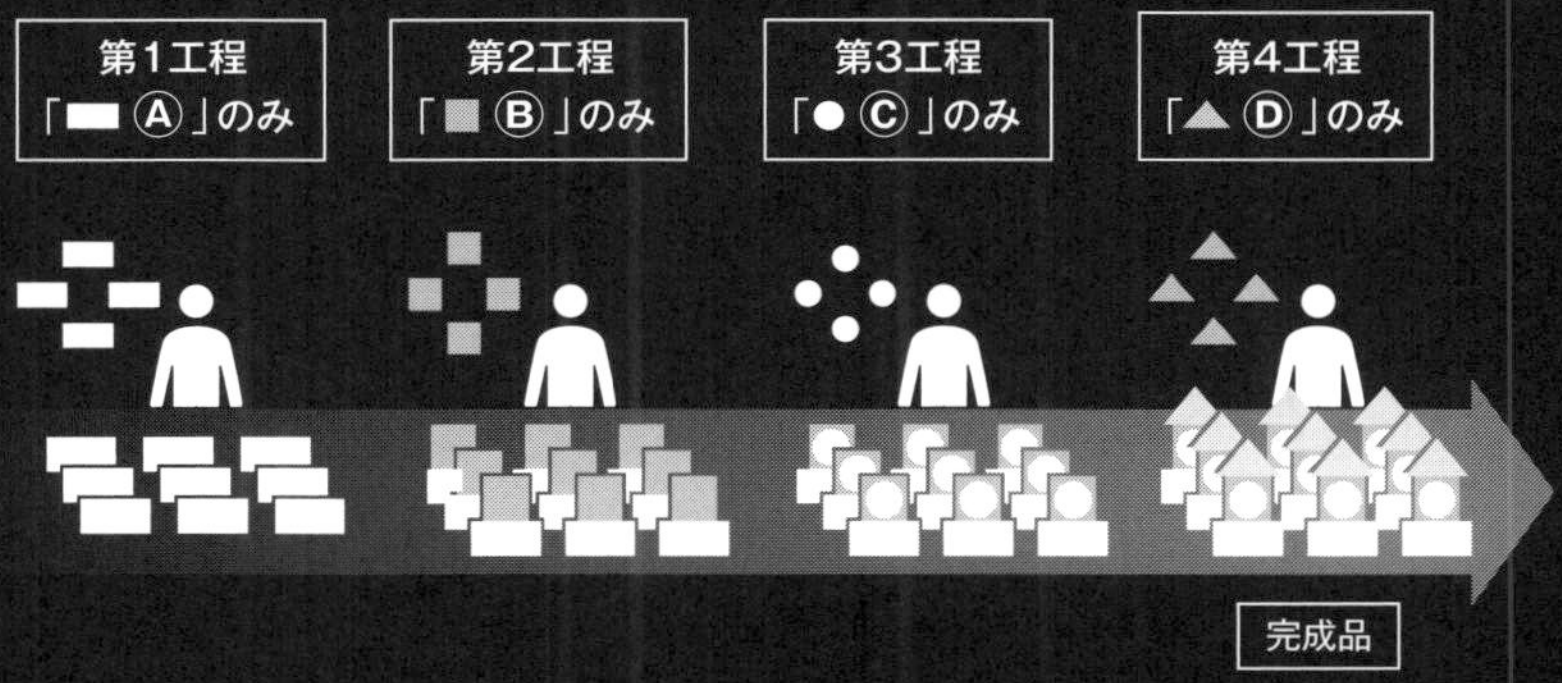

【ベルトコンベア方式】工程ごとに担当者を分け、分業する

- 4つの工程のうち、一つの工程さえできれば、戦力になる ➡ 戦力化が早い
- 各自が最も得意な工程に特化することで、全体のクオリティが上がる

また、各工程で求められる能力や技術を考える。適材適所で配置し、持ち場に特化して働いてもらう。

この方式のメリットは、各人員が行う工程は範囲が狭いため、教育の**時間とコストが抑えられる**。4工程のうち一つできればいいので**戦力化が早い**。また、一つの工程に特化すると採用もしやすい。各自が得意な仕事に特化することで、全体のクオリティも高まる。

その一方で、局所的な作業になるため、長い目で見たときに作業員の技量向上が望めない。単純作業になりがちなため、仕事への意欲が低下しやすいなどのデメリットもある。

■総合職社員中心とアルバイト・一般職社員中心では組織のつくり方は異なる

セル方式、ベルトコンベア方式の考え方は、様々な業務で応用できる。

そもそも**総合職社員中心の場合と、アルバイト・一般職社員中心の場合では、目的や組織のつくり方は異なる。**

総合職社員が中心の場合、会社や個人の成長、やりがいを目的にする。

個々人の得意分野、苦手分野を洗い出し、どの仕事を誰がやるかを決める。個人の個性を重視し、メンバーが変わったら組合せも変える。

この場合のメリットは、それぞれが得意な仕事に集中できるので、全体のパフォーマンスがアップする。本人も仕事が楽しい。

デメリットは、仕事が細分化され、本人が意識しないと全体を理解することができない。スペシャリストは育ちやすいが、ゼネラリストが育ちにくい。得意なことしかしないので、苦手部分が克服できず、成長にバラツキが出る。

特に、新入社員には配慮が必要だ。新入社員でも、ある分野に突出した能力を持っていれば、すぐに活躍できる。

ただ、その他の仕事についても基礎的な部分は習得するよう研修を行う必要がある。自分がつくっている商品、自分が販売している商品がどのようにお客様に届いているか、お客様にどう思われているかなどを理解してもらう。カスタマーや物流も体験し、仕事全体の流れ、自分がどの部分を担っているかを考えてもらう。

アルバイト・一般職社員が中心の組織の場合は、業務を目的ベースではなく、作業ベースで細分化する。おもに次の3つに分ける。

①入社3日でもできる作業
②ある程度わかっていないとできない作業
③得意・不得意がはっきりしている作業（事務処理能力、文章を書く能力、アドリブ会話力など）

これに分けてフローを組む。メリットは、一つひとつの作業は簡単なので、業務量が急増した際に、人数さえ増やせば対応できること。メンバーが辞めても、すぐに代わりができる。デメリットは少ない。

■カスタマー部門の改善ビフォー・アフター

具体的に当社の改善例をシェアしよう。

当社のカスタマー部門の業務は多岐にわたっていた。受注処理、電話対応、メール返信、変更処理、解約処理、健康美容相談などだ。

業務に必要なスキルが多く、社員の戦力化に時間がかかるのが悩みの種だった。

電話対応のトーク力、メール対応の文章力、変更や解約処理を間違いなく行う事務処理能力、健康相談に答える知識などを身につけなくてはならない。

注文が増えてくると、対応人数も増やさなくてはならない。

新規採用した人がすべての仕事を身につけ、戦力になるまで1年半かかった。これでは注文を増やせない。ピーク時のカニの出荷と似た現象が起きた。

私は業務の組立を考え直した。

そもそもカスタマー部門の仕事をすべて一人でこなすのは無理だ。

たとえば、電話対応はうまいが、メール対応は苦手な人。逆にメールではわかりやすい文章を書けるが、電話ではうまく話せない人もいた。人それぞれに得意・不得意がある。担当者によってサービスの質が違う。全仕事を一人でやるとミスが多発する。

そこで次のように、カスタマー部門の仕事を作業ベースで分類し、各業務に適した能力を持つ人を配置した（図表40）。


【ビフォー】

●カスタマー部門スタッフ……受注処理、電話対応、メール返信、変更処理、解約処理、健康美容相談など

↓

アフター

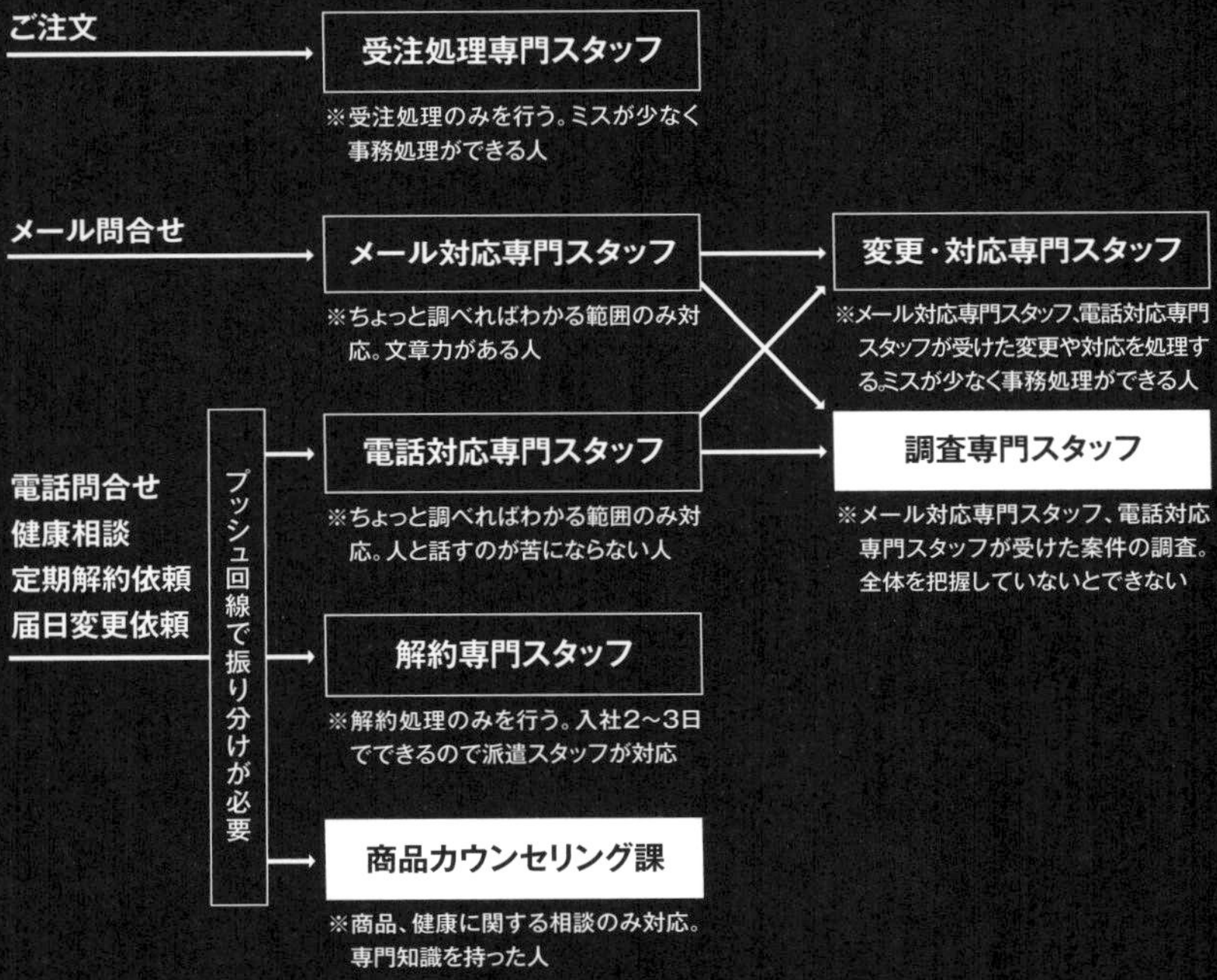
ご注文
受注処理専門スタッフ
※受注処理のみを行う。ミスが少なく事務処理ができる人
メール問合せ
メール対応専門スタッフ
※ちょっと調べればわかる範囲のみ対応。文章力がある人
変更・対応専門スタッフ
※メール対応専門スタッフ、電話対応専門スタッフが受けた変更や対応を処理する。ミスが少なく事務処理ができる人
電話問合せ
健康相談
定期解約依頼
届日変更依頼
プッシュ回線で振り分けが必要
電話対応専門スタッフ
※ちょっと調べればわかる範囲のみ対応。人と話すのが苦にならない人
調査専門スタッフ
※メール対応専門スタッフ、電話対応専門スタッフが受けた案件の調査。全体を把握していないとできない
解約専門スタッフ
※解約処理のみを行う。入社2～3日でできるので派遣スタッフが対応
商品カウンセリング課
※商品、健康に関する相談のみ対応。専門知識を持った人

【結果】

- 「商品カウンセリング課」「調査専門スタッフ」以外は高度な知識、スキル、経験がなくてもすぐに戦力になるので、補充対応が簡単（入社1週間で戦力化）。「調査専門スタッフ」に補充する際にも、ゼロから育てなくても他部署を経験した人を育てると、戦力化が早い
- 「商品カウンセリング課」のサービスレベルが格段に上がった
- 全員が得意なことに特化したことで、同じ業務量を少人数、短時間でこなせるようになった

図表40｜お客様対応のビフォー・アフター

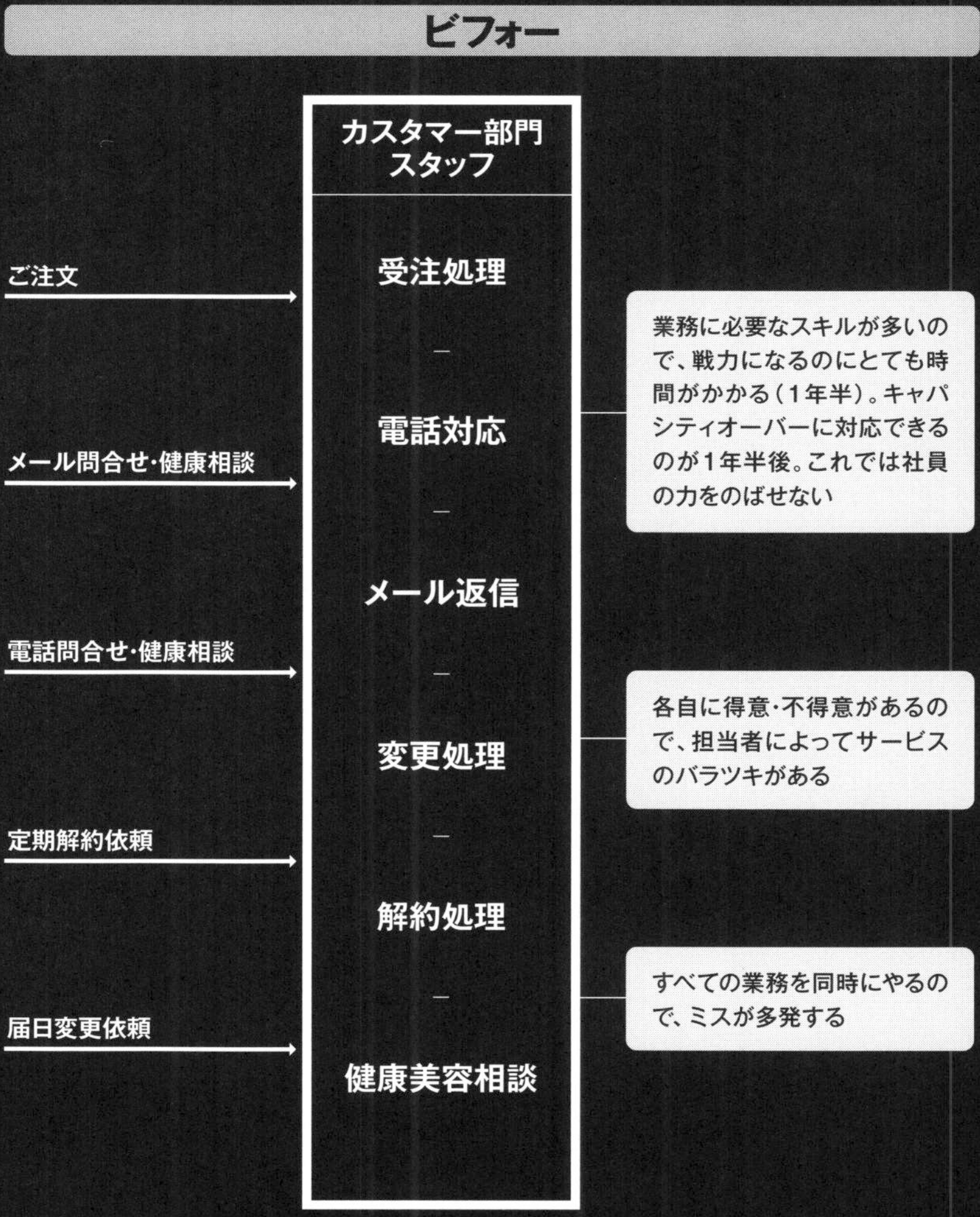
ビフォー
カスタマー部門スタッフ
ご注文
メール問合せ・健康相談
電話問合せ・健康相談
定期解約依頼
届日変更依頼
受注処理
電話対応
メール返信
変更処理
解約処理
健康美容相談
業務に必要なスキルが多いので、戦力になるのにとても時間がかかる（1年半）。キャパシティオーバーに対応できるのが1年半後。これでは社員の力をのばせない
各自に得意・不得意があるので、担当者によってサービスのバラツキがある
すべての業務を同時にやるので、ミスが多発する

【アフター】

●受注処理専門スタッフ……受注処理のみを行う。ミスが少なく事務処理ができる人を配属

●メール対応専門スタッフ……ちょっと調べればわかる範囲の問合せメールに対応する。採用試験で文章力をチェックし、文章力がある人を配属。一方で話す能力は求めない

●電話対応専門スタッフ……ちょっと調べればわかる範囲の問合せ電話に対応する。人と話すのが苦にならない人を配属

●解約専門スタッフ……解約処理のみを行う。人と話すのが苦にならない人を配属。入社2~3日でできるので、派遣スタッフが対応

●商品カウンセリング課……商品、健康に関する相談のみに対応。管理栄養士など専門知識のある人を配属

●変更・対応専門スタッフ……メール対応専門スタッフや、電話対応専門スタッフが受けた変更や対応を処理。ミスが少なく事務処理ができる人を配属

●調査専門スタッフ……メール対応専門スタッフや、電話対応専門スタッフが受けた案件の調査を行う。全体を把握していないとできない

■未経験でも入社1週間で即戦力化する方法

分類してみると、商品カウンセリング課と調査専門スタッフは高度な知識、スキル、経験が必要だ。

それ以外は**未経験者でも入社1週間で戦力化**できる。補充も簡単だ。

調査専門スタッフを補充する際も、ゼロから育てなくても、他部署で経験した人を異動させると戦力化が早い。

これにより、**商品カウンセリング課のサービスレベルが格段に上がった。**

以前のお客様対応では、人によって商品や健康に関する知識にバラツキがあった。誰が対応するかによってサービスの質に差があったのだ。

そこで**管理栄養士などの専門家**を採用し、お客様満足度を上げた。**全員が得意なことに特化し、同じ業務量を少人数、短時間でこなせる**ようになった。

作業ベースでの組織の構成は他部署でも行っている。

システム部門では、「プログラムは書けるが、チェック漏れが多い人」が多かった。

そこで既存メンバーはプログラム制作に専念してもらい、プログラムは書けないが、バグチェックが得意な人を採用して「チェック課」をつくった。

広告部門の職種は広告制作、バナー制作、ウェブページ制作などがある。

それぞれ求められる能力は異なる。

広告制作では、キャッチコピーなどで目を惹く言葉を考えられること、ウェブページ制作では人を説得する文章力が必要だ。

さらにウェブページ制作には「人目を惹くキャッチコピーや文章を考えるのは得意だが、デザインは苦手」「きれいなデザインはできるが、文章は苦手」という人がいたので、「ライティングディレクションチーム」と「デザインチーム」に分けた。

重要なのは、**目的ベースではなく、作業ベースで組織を構成**すること。目的ベースで構成するのは幹部クラスのみだ。

■優秀な人がくるように会社を大きくする成長スパイラル

私は創業から現在に至るまで、**適正人数と適正業務量**を常に考えてきた。

適正人数とは業務量的に採算の合う適切な人数をいう。

創業初期は売上も利益も低いので6人だった（図表41）。

職種を、①制作、②カスタマー、③商品開発、④システム、⑤経理、⑥集客の6つに分け、一職種を一人で行っていた。

だが実際には、カスタマー一つを見ても、①問合せメール対応、②問合せ電話対応、③テンプレート作成など、10種類程度の業務がある。各職種に10ずつ業務があるとすれば、合計の対応業務数は60にもなる。

一職種を一人で行う段階では、一人ひとりに要求する能力は10だ。10種類の仕事があり、すべてできてほしい。総業務量は少なくても、10種類くらいの仕事ができるオールマイティな能力が求められる。

ところが、企業規模が小さく不安定で待遇も悪いため、そんなオールマイティな人はきてくれない。

対応業務数が60の場合、仕事を回すのに適正な人数は60人。社員を60人まで増やす必要がある（図表42）。

各業務に担当が一人いる状態だ。一人は1種類の仕事ができればよく、そうすれば、一人に要求する能力は半分くらいに下がる。

一方で、会社の規模が大きくなると、優秀な人が採用できるようになり、日常業務

図表41 | 創業初期6人の場合

適正人数	対応業務数
6	60

※適正人数……業務量的に採算の合う適切な人数

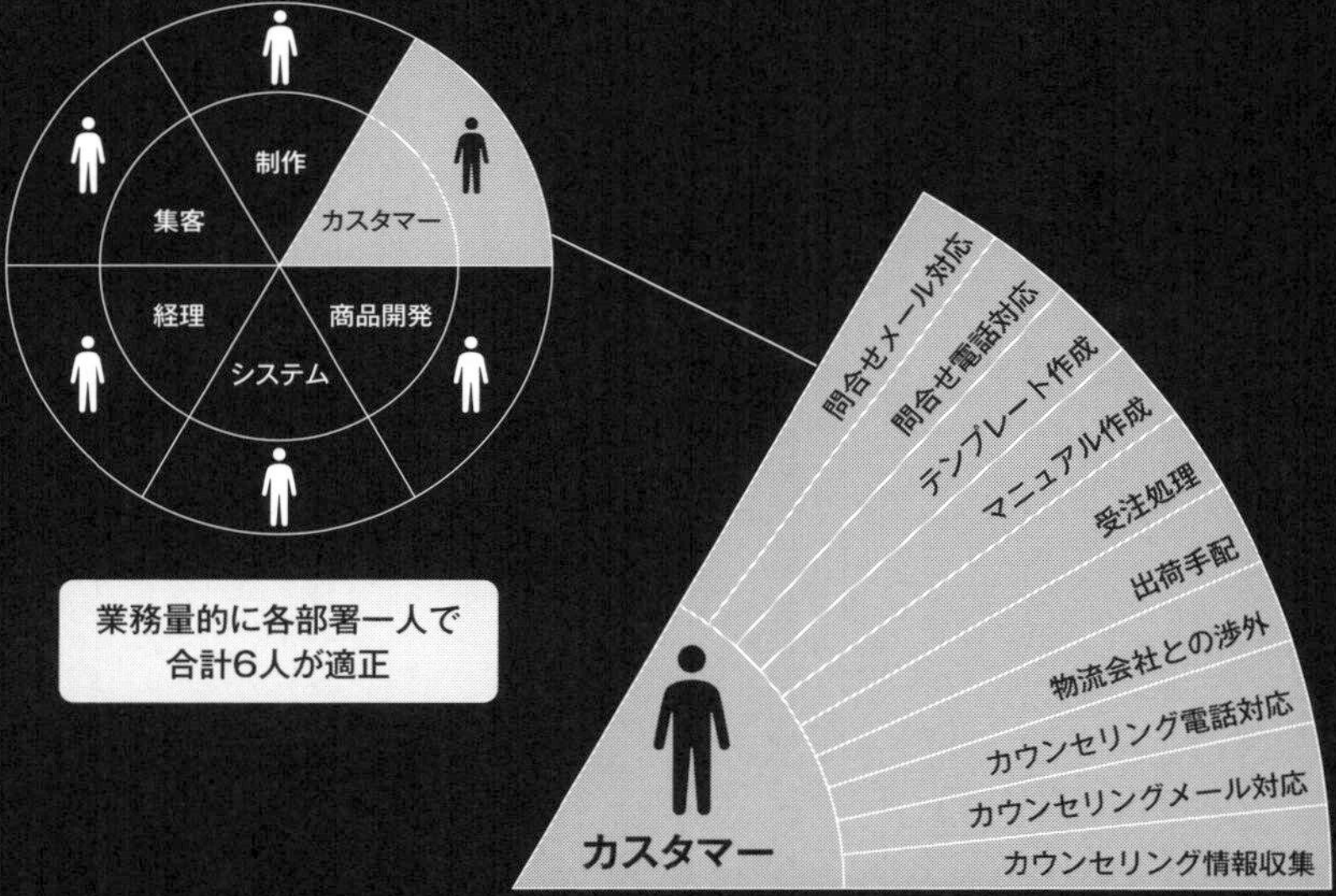

	要求能力	応募者レベル	過不足分
数値化	10	1	−9
備　考	総業務量は少なくても、10種類くらいの仕事ができるオールマイティな能力を求める	企業規模が小さく不安定で待遇も悪いため、優秀な人はあまり応募してこない	期待する10分の1しか充足できない

適正人数	対応業務数
60	60

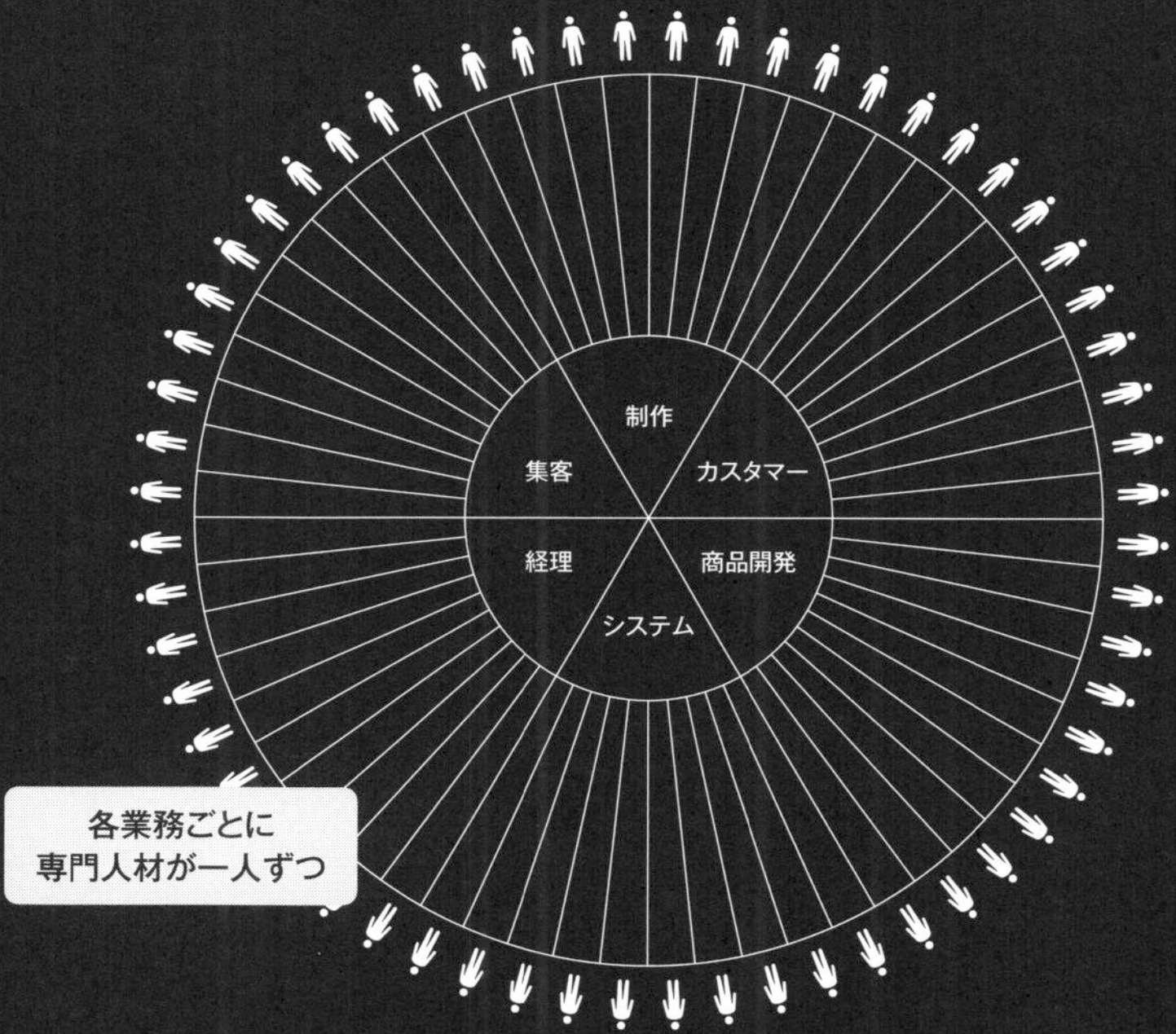

	要求能力	応募者レベル	過不足分
数値化	10 → 5	1 → 5	−9 → 0
備　考	一人1種類の仕事さえできればいいので、ずいぶん簡単になる	企業規模が大きくなると、応募者のレベルが上がる	問題なく日常業務が回る状態

ないのだ。

は問題なく回る。だから、「60人採用しても採算が合う」状態を目指さなければなら

さらに、組織が大きくなり、社員180人になるとどうか（**図表43**）。

対応業務数60は変わらないから、一つの業務を3人で行える。

一つの業務を3人で行うので、みんなでカバーし合える。企業規模が大きくなると、さらに応募者のレベルが上がる。一つの業務に3人いるので切磋琢磨、相乗効果が起きる。余剰能力が生まれ、さらなる成長の原動力になる。

こうして考えてみると、組織をつくる手順がわかる。

まず、**社員に対する要求能力を下げる仕組み**をつくることだ。要求能力が高いままだと、社員がパンクして定着しない。要求能力を下げるには、マニュアル化とともに、一業務一人状態を目指してなんとか会社を大きくするしかない。ここが一番の踏ん張りどころだ。

6人から60人の時期は踏ん張るしかない。会社が大きくなり、優秀な人が入ってくると、組織で業務が回り出す。組織力で大きくなり、さらに優秀な人によってますま

適正人数	対応業務数
180	60

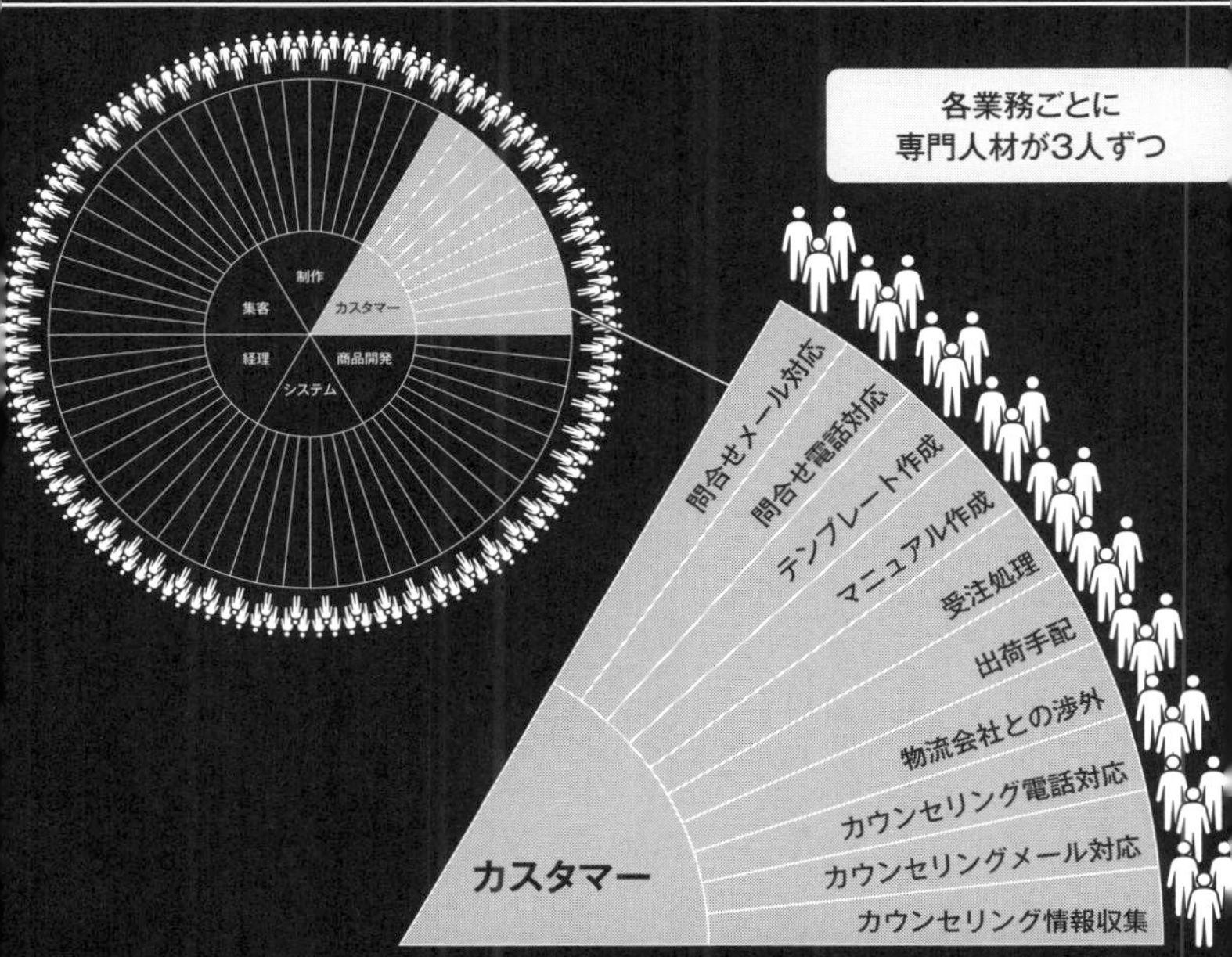

	要求能力	応募者レベル	過不足分
数値化	10 → 5 → 1	1 → 5 → 10	−9 → 0 → 9
備　考	一つの業務を3人でやるので、カバーし合える	・企業規模が大きくなると、さらに応募者のレベルは上がる ・一つの業務に3人いるので切磋琢磨し、相乗効果が起きる	余剰能力が生まれ、さらなる成長の原動力となる

す会社が大きくなる。

優秀な人がきてくれれば、会社が大きくなるわけではない。**優秀な人がきてくれるように会社を大きくする**のだ。

■改善の第一歩は、鳥の目で業務を俯瞰すること

業務改善を図る場合、業務全体の流れを鳥の目で俯瞰《ふかん》する必要がある。

客観的な目で見るとわかりやすいので、第三者にチェックしてもらうのがいい。

以前、当社のベテラン社員が諸事情で退職することになり、その人の業務をどう引き継ぐか問題になった。

その人には「経験がないと判断できない」と思われる仕事が集中しており、経験の浅い社員が引き継ぐことは難しそうだった。

仕方なく、私がいったん引き継ぐことになった。業務内容を聞いていると、その人が経験に基づいてケース・バイ・ケースで判断していることも、実はほとんどパターン化できることに気づいた。

そこで、その人の仕事を全部洗い出してマニュアル化すると、**アルバイトでもでき**

る仕事になった。マニュアルをつくっていなかったから、ベテラン社員の経験値に基づく判断が必要なのであって、マニュアルをつくっていれば、実は誰にでもできる仕事だった。ベテランのせっかくの豊富な経験を、マニュアルをつくっていないことで無駄遣いしてしまっていたことに大変申し訳なく思った。

このようにベテランにしかできないと思われる業務も、客観的に見直す機会をつくると、**マニュアル化して誰でもできる仕事に変換**できる可能性がある。

5段階利益管理のＡＢＣ**利益率**に注目すると、**「ここに問題があるのではないか」と数字がアラート**してくれる。

商品ごとに利益管理をすると、売上が高く販促費もかかっていないが、**ＡＢＣが高いために利益が出ていない場合**がある。これは社員の手間がかかりすぎているので、この部分を業務改善する必要がある。

■部下を変えようとしない。作業を変えよう

業務がスムーズにいかない場合、マネジャーは担当者の能力のせいにしがちだ。

だが、実際には「このやり方でいいのか」と考えたほうが解決は早い。

私は新人マネジャーに「**自分を変えることはできるけれど、他人を変えることはできない**」と話している。

マネジャーになると、部下に仕事を与える。たとえば、採用業務をしていたマネジャーがその仕事を部下に引き継いだとしよう。

部下がなかなか仕事ができないときに、「いつまで経ってもできない」「変わらない」とイライラする。

そんなとき、私はこんな話をする。

「あなたは成長したけれど、私に変えられて成長したわけではないでしょう？　自分で成長したと思っているでしょう？」

人は自分の意志でしか変わらない。

人が劇的に変わるのは多くて10年に一回。普通は**20年に一回**くらい。

それが今年起きる確率は10分の1か、20分の1。そんな**10分の1の確率にかけて仕事をするのはおかしい。**

「人は変わらない」という前提で、仕事の仕組みを考えるべきだ。

一人に全部やってもらおうとしてもできないなら、その人が**得意なことだけやる仕組み**にする。

部下が変わるのではなく、マネジャーが仕事を仕組み化する能力をつけることだ。

採用業務には、「求人媒体社と商談する」「応募者の反応がいい求人広告をつくる」「大量の応募者を説明会、面接に振り分ける」「面接して人の資質や能力を見極める」などの実務があるが、それぞれ求められる能力は違う。

それを一人の部下に任せるのではなく、4つの業務に分け、それぞれに適した人に振り分けてみる。

常に業務を俯瞰的にとらえ、仕組みを再構築する能力がマネジャーには求められるのだ。

2 優秀な人材の見極め方

■求人広告「しゃべらない接客業」への意外な反応

作業ベースでの業務分類を始めたのは2010年頃だった。

前述したように、カスタマー業務が一人前にできるまでに時間がかかるのが悩みだった。

一人ひとりの仕事の様子を見ると、電話対応はうまいが、メールは苦手という社員がいた。

電話では言われたことにパッパッと答えているが、伝えるべきことを整理して相手にメールを書くのに時間がかかった。

一方、わかりやすいメールは書けるのに、いつも電話では緊張してしまい、予期せぬ質問をされると、しどろもどろになる人もいた。

そこでカスタマー業務を分類し、必要な能力のある人を募集した。

メール対応スタッフは「**しゃべらない接客業**」とコピーを変えて募集してみた。「**お客様に直接会わなくてもいい、電話もしない顧客対応スタッフです**」という求人広告に予想を超える応募があり、優秀な人を採用できた。

情報を整理して相手に伝わるよう構成する能力が必要なので、採用試験では「**こういうトラブルが起きました。これについてお詫びのメールを書いてください**」という課題を出した。採用した人たちはメールの文章がうまいので、今では総合職社員が文章をチェックしてもらうほどだ。

商品カウンセリング課は、健康や美容の相談がおもな仕事なので、管理栄養士、コスメコンシェルジュなどの資格がある人を採用した。

受注処理専門スタッフ、変更・対応専門スタッフなどは、事務処理能力の正確さが求められる。独自のケアレスミスチェックテストをつくり、その成績優秀者を採用した。

たとえば、左右に並んだ、アルファベットと数字のランダムな文字列の違いを探すなどの課題を出す。ここでは注意力を試している。

■「IQ130」の人材を採る方法

仕事がデジタル化するにつれ、従来より採用はとても重要になった。

デジタルの世界で頑張っていこうという人は、旧態依然の「大手企業」に行きたいと思っていない。

自分自身の活躍の場を求め、当社のような企業にくる。

だからこそ、私はその期待に応えたい。

当社には、広告運用を専門的に行う職種がある。各広告媒体が独自に持つAIのアルゴリズムを読み解き、広告運用を「北の達人流」に最適化する。言うなれば「**AIに指示を出す人**」だ。AIのアルゴリズムを理解してアドテクノロジーをうまく活用すれば、ターゲットにピンポイントで訴求できるので、無駄な広告配信を極限まで抑えられる。

この職種に向いているのが、数学的アルゴリズム（計算や問題を解くための一定の手順）に秀でた人だ。

広告が配信されるアルゴリズムを理解しながら、そこに合わせてチューニングする。アルゴリズム分析が得意な人を採用する際、私は並んだ数字や図形から法則性を見出す**ＩＱ（知能指数）テスト**に注目した。

データから法則を見つけてチューニングする仕事に似ていると考え、社内の広告運用担当者たちにやってもらうと、ＩＱの平均が１３４だった。

このレベルの人をどうしたら採用できるか。

一般に、ＩＱが20離れると、会話がかみ合わなくなるという。

ＩＱ１３０の人は一般人と会話が合わない。おそらくこれまでに生きにくさを感じていたことだろう。

そこでおもいきって「**ＩＱ１３０の仲間がいますよ**」と求人広告を出してみた。

すると優秀な人が集まってきた。ＩＱテストを行い、面接して採用した。

このように、どの職種にどんな能力が必要かを考えたうえで、その能力がある人を採用する方法を考える。テストは自社開発することもあるし、外部のテストを活用することもある。

■仕事に対する価値観は多種多様と思い知った倉庫アルバイトでの会話

実は、特産品のネット通販を始める前に、別の事業で起業を志したことがあった。

だが、それはうまくいかず、すぐに財布の中身が50円になってしまった。

ごはんが食べられない。とにかく働かなくてはならない。ただし起業について考える脳の体力は温存したい。そこで倉庫でのアルバイトを選んだ。

そこはアパレル会社の倉庫だった。

半年に一回大量に入荷があり、営業の人の指示に従って梱包して百貨店などに送る。返品があれば処理する。昼間はアルバイトをして、夜はネット通販の準備をした。

アルバイト仲間はいい人ばかりだった。

だが、自分とは異なる仕事に対する価値観を持つ人も多かった。

私は当時、「自分の仕事に対する価値観は普通」だと考えていた。

「ちょっといい大学を出て、リクルートという大手企業に入った。中の上くらいの世界で生きている」

だが、その感覚は普通でないということに気づかされた。

アルバイト先には、25歳で一度も正社員として就職をしたことがない人がいた。

高校を卒業するときに就職先を決めることなく、卒業後に「これからどうしようかと考えた」という。

「あなたは就職しないの？」

「将来は就職しようと思っている」

私は内心「25歳って、もう『将来』じゃないのか」と思った。

頭の回転の非常に速い19歳の女性がいた。

倉庫は大阪の中心地から少し離れた場所にあったので、

「あなたは大阪の中心地で働ける能力があるのに、なぜここで働いているの？　梅田に行ったら、もっと給料の高い仕事があるよ」

「だって自転車で行けないでしょ」

私は驚いた。さらに彼女はこう続けた。

「木下さんは神戸の出身なのに、なんで大阪の大学に行ったの？　そんなに遠い大学に行くなんて意味がわかんない」

その女性は自分の家の近所で活動するのが普通だと思っていた。

私は自分が今まで狭い価値観の中で生きてきたことを感じた。

各自、全然価値観は違うが、みんないい人でみんな幸せそうだった。

働き方は人それぞれでいい。自分が幸せを実感できるのが一番いいのだ。

■「給料が1万2000円高い」より「ランチ無料」が響く人

この経験が現在の採用に活きていると思う。

総合職、業務職、アルバイトを募集するとき、**それぞれの価値観に合う募集広告を**つくっている。

一般的に求人広告を制作する人は総合職の人が多い。自分の価値観で募集広告をつくるから「キャリアアップできる」といったコピーを書く。

しかし、アルバイトの中にはキャリアアップを求めていない人も多く、コピーに目が留まらない。

通常、総合職募集時には「保険完備」というコピーは書かない。総合職の場合、保険完備は当たり前だからだ。だが、パート・アルバイト募集時には、「保険完備」が売りになる。パート・アルバイトなどの短時間労働者でも、法律上は条件を満たせば社会保険に加入することができるが、実際には加入していない人も多い。

総合職、業務職、パート・アルバイトなど職種によって会社に求めるものは違う。

そこで求人広告をつくるときには、**福利厚生欄を職種によって変える。**

たとえば、総合職を募集する際は、「**社長が直接教える研修制度**」を目立たせる。

すると、「**一代で東証一部上場企業を創った当社社長が自ら講師となる一流のビジネスパーソンになるための『一流塾』**」というコピーに興味を持った人、私から直接最新のウェブマーケティングを学びたい人が応募してくる。

アルバイトを募集する際は、「**勤務地が駅から近い**」「**ランチ無料**」「**保険完備**」「**残業なし**」を目立たせる。

特に「ランチ無料」は札幌でも話題になっている。

東京都内ではランチ無料の会社は増えているが、地方ではまだまだ少ない。社員が知人に会社名を言ったら、「あのランチ無料の会社だね」と言われたという。

新型コロナが流行する前はバイキング形式のランチだったが、コロナ禍で弁当にしている。生姜焼きやハンバーグなどの肉料理や、焼き魚やムニエルなどの魚料理の主菜と、野菜などの副菜もついているので、栄養バランスもいい。

だから、お昼に「おいしくて温かいごはんが無料で食べられる」と社員に好評だ。

ランチの原価は1食600円くらいなので、20営業日で月1万2000円ほど。**給**

料が1万2000円高いより「ランチ無料」のほうが響く人もいる。

私は、倉庫のアルバイトで出会った人たちの生活実態や話を聞いて、いろいろな学びがあった。

人の価値観は時代とともに変わっていくから、常に聞き取りが大切だ。だからこそ、総合職、業務職、パート・アルバイトの人に募集広告のキャッチコピーを見てもらい、どんなところに興味が湧くかをいつも聞いている。

3

社員と会社の理念を共有する

■「GOOD&NEW」の何が効果的か

創業間もない頃、朝礼に「GOOD&NEW」と「クレド」を導入することにした。当時は私とアルバイト3人の計4人だった。

「GOOD&NEW」は24時間以内に起きた「よかったこと（GOOD）」や「新しい発見（NEW）」を一人1分ずつ話して全員で共有し、拍手をする取り組みだ。組織やチームの活性化、アイスブレイクなどを目的に、アメリカの教育学者ピーター・クライン氏によって開発された。

導入には理由があった。

毎朝4人で打合せをしていたが、私とAさん、私とBさん、私とCさんという「社長と各アルバイト」の一対一の関係になってしまうので、個人的に直接指示された業務はきちんとやるが、全体への指示には関心が薄く、自分以外の人への指示は聞いていないという問題があった。

たとえば、「今日はこんな注文が入るから気をつけてね」と言っても、「聞いていなかった」と言い出す。

「いや、あなたの目の前で言いましたよ。Aさんは聞いていましたよね」

「はい、聞いています」

「自分には関係ないと思ったので、聞いていませんでした」

こんな光景が日常茶飯事だったのだ。

「GOOD&NEW」の手順は次のとおりだ。

1　3〜5人のグループに分かれる
2　ボールなど手に持てるアイテムを誰か一人が持つ

3　ボールを持っている人が話す
4　話し終わったら話し手以外が拍手する
5　話していない人にボールを手渡す
6　全員が話すまで繰り返す
7　最後の人が「今日もよろしくお願いします！」と言って終了する

「ＧＯＯＤ＆ＮＥＷ」をやり始めると、３日くらいで社内の雰囲気が変わった。

それまで同僚に対する興味がみんな薄かったが、**「GOOD&NEW」で情報共有すると、互いを仲間として認識し始めた。**今までは私から指示されたことだけをやっていたが、アルバイト同士で会話をするようになった。

「Ａさん、この商品はどうなっていた？」

「それは昼に納品されるよ」

と質問や確認ができるようになり、ガラッと雰囲気が変わった。

私は、スタッフがコミュニケーションを図る仕掛けは、会社が準備すべきことだと気づいた。

「ＧＯＯＤ＆ＮＥＷ」には「**何事もなかった日でも物事のよい面を見つける癖をつけ**

る」という目的もある。

当社の場合、**24時間以内に起きた面白かったことを共有するネタ合戦**のようになっていたが、スタッフ間のつながりも強くなった。

現在でも、朝礼の時間に全社員が6、7人のチームに分かれて「GOOD&NEW」を行っている。朝礼のときにタイマーを使い、一人1分ずつ話し、みんなで拍手する。

最近では、多くの職場で人の動きが流動的だ。あまり知らない人、初めて出会った人と即席のチームをつくって働くこともある。そのような場合でも、「GOOD&NEW」をやってみると、コミュニケーションが取りやすくなる。

■人を育てる毎朝30分の「クレド」の習慣

「GOOD&NEW」と同時期に「**クレド**」を導入した。

クレドは「企業活動が拠《よ》りどころとする価値観・行動規範を簡潔に表した言葉」のこと。

アメリカの大手企業ジョンソン・エンド・ジョンソンが考案し、全世界に広まった。

当社では、「北の達人コーポレーションが大切にすべき価値観」をクレドにまとめている。

全社共通項目が18、部署別項目が2～5ある。これを毎朝、各部署で1項目ずつ読み上げ、該当項目への自分の意見やエピソードを一人ずつ言い合う。

代表的な項目に、

「お客様からのご注文の一件一件は、我々から見れば数千件のうちの一件でも、そのお客様にとっては何日も悩んだ末に、多大な期待とともに申し込んだ思い入れのあるご注文です。よって今回のご注文がそのお客様にとって頼んでよかったと最高の出来事になるよう決して気を抜くことなく、いつまでも一期一会の精神と最高のサービスで接します」

がある。

創業し、初めて注文をいただいたとき、

「この人はどうやってうちのサイトを見つけ、商品を買うためにお金を払ってもいいと思ってくれたのだろう」

と考えた。注文が本当にありがたかった。

だが、1日の注文数が増えてくると、そんな気持ちが薄れてくる。

お客様からクレームがあったとき、

「1000人のお客様のうちの一人がクレームを言っているだけ。0・1%だから問題ではない」

と考えてしまう。でもそれは**断じて違う**。

こちらから見たら0・1%だが、そのお客様から見れば100%だ。

届いた一つの商品に不満があったら、100%不満だ。

特にネットビジネスでお客様とダイレクトに接していないと、このことを忘れがちになる。

人は同じ時間に同じ内容を6回聞くと理解する

お客様一人ひとりとの関係を、大切にすることを確認するためにクレドがある。

クレドは経営理念を浸透させるのに有効だ。

リクルートで企業研修の担当をしているとき、「経営理念が社員に伝わらない」と経営者の悩みをよく聞いていた。

すでに言語化された経営理念を見てもピンとこない。言語にたどり着くまでに、どんな経営理念がいいかを考え、まとめていくプロセスに意味がある。

だから**社員全員**で再度会社の理念をつくる。すると、そのプロセスに関わっている人は理念が腹落ちする。ただ、その後に入社してきた人はやっぱり他人ごとだ。

理念を浸透させようと、いい方法を探していたときに知ったのがクレドだ。

人は同じ時間に同じ内容を6回聞くと理解するという。当社のクレドは20項目あるので、1か月（20営業日）でクレドの全項目が一巡する。それを6か月やると、同じ内容を6回聞いたことになり、クレドが身についてくる。

毎朝貴重な30分を、クレドと「GOOD&NEW」に使う。

これはかなりの人件費を使ったことになるが、その分の効果を実感している。

4

組織全体にコスト意識が芽生える「コスト削減キャンペーン」

■月間150万円、年間1800万円のコストを削減した秘策

利益を上げるには、売上を上げるよりコスト削減のほうが早い。

当社はもともとコスト意識が高いほうだと思うが、あることを始めてから一気に意識が高まった。

それは「**コスト削減キャンペーン**」である。

年一回、管理職（決裁者）7、8人が集まって「コスト削減委員会」を組織し、**聖域なしで**コスト削減の議論を行う。

5段階利益管理の経費項目で言えば、**原価、注文連動費、販促費、ABC、運営費の5つすべてが対象**だ。

当社は100億円の売上で利益は29億円。つまり、71億円の支払いがあるのだ。年間71億円、いろいろな経費を払っている。そこで年一回、一つひとつの支払いを全部見直している。支払台帳を管理職が見直し、削減できそうな経費をリストアップする。

たとえば、物流部門では、月に約15万件出荷している。

一件一件の梱包物には、納品書、定期購入案内、商品説明リーフレットなど、様々なものが同梱されている。1枚10円の同封物が2種類あったとき、合体させて1枚にし、一件につき10円の**注文連動費**を削減した。このとき事前に「合体させて問題ないか」を議論した。

強引なコストカットが目的ではない。**経費が利益に結びついているかを考える**ことが重要だ。一枚10円のチラシを入れた価値を、様々な角度でシミュレーションしながら徹底的に議論したが、

「合体させることで問題が起きるかどうかは、やってみなければわからない」

という結論になった。

「この2枚を1枚に合体させ、1年経って問題あるなら戻そう」

これで**月間約150万円、年間1800万円程度のコスト削減**になった。

また、注文に関する説明書とFAX注文用紙を合体させ、5円のコスト削減を図ったこともある。

FAXによる注文数を調べると、近年はほとんどなかった。

だが、完全にFAXによる注文を受けつけなくなると機会ロスになるので、**注文の説明書の裏側**につけた。5円減るだけで、**年間900万円**もコストが減った。

1年後に問題の有無を検証するが、今まで元に戻した施策はない。

■「応接室の花は2万円の赤字」仮説を検証する

社内で応接室の花について議論したこともある。

花には月1万円のリース代を支払っている。

「なぜ花を置いているのだろうか」

「花があると心地いいからだろう」

「誰の心地よさがどのように会社のメリットとつながっているのだろうか」

などと考える。すると、

「採用面接で応接室を使うので、内定を出したときの受諾率が上がるかもしれない」

といった仮説が出てきた。

「何％くらい上がると思う？」

「仮に１％上がるとすると、年間採用経費はいくらだ？」

「年間採用経費は１０００万円。内定受諾率が１％上昇すれば、10万円分、効率化される」

「この花は年間10万円の価値を提供しているけれど、コストは月１万円だから年間12万円。ということは、２万円の赤字だ」

「では、他にこの花が役立っていることはないか」

と深掘りする。答えが完全にわかることはなくても、**一つひとつ仮説を立て、投資効果を検証する癖**をつける。

何も考えず、なんとなくやり続けるのが一番いけない。

■1億円のコストダウンをする方法

削減された項目を5段階利益管理で示された5つのコストに当てはめて考えてみよう。

前述の同封物は**注文連動費**の削減につながり、花は**運営費**の削減につながった。

ABCと運営費を同時に削減したのが次の例だ。

当社には週一回、社員の自主清掃の時間がある。

最初は雑巾で掃除をしていた。自分の身の回り、共有部分を雑巾で拭く。これが「コスト削減委員会」の協議事項に上がった。

「雑巾で掃除すると、掃除後の洗う時間、干す場所の家賃がかかり無駄ではないか。使い捨ての掃除用ペーパータオルのほうがコスト削減できるのではないか」

そこで両者を比較した。

雑巾を使用した場合は、掃除後に洗う時間に対する人件費がかかる。その時間で利益に貢献する別の仕事ができるだろう。

洗った雑巾が乾くまで干しているスペースの家賃がかかる。これは社屋の面積に占める割合、月間家賃に占める時間から算出できた。もしその時間、そのスペースに雑巾がなければ、もっと利益に貢献できる使い方ができるかもしれない。

掃除用ペーパータオルは、一人が一回何枚使用するか、1か月では何枚使用するかでコストが計算できる。

結局、後者のほうが安いとわかり、雑巾からペーパータオルに変えた。

他にも、仕入れ先の見直しは原価削減につながる。

だから定期的に行っている。

規模が小さいときに取引を始めた仕入れ先は、小ロットが前提の高い単価であることが多い。そのまま発注数が増えると、支払いが高額になる。そこで見積りを取り直したり、仕入れ先を見直したりすることで、**1億円程度の原価の削減**ができることがある。

また、**決済手数料は大きな注文連動費**だ。

年間100億円の売上に対して実は莫大な決済手数料がかかっている。

2~3%とすると、カード決済手数料を**年間2~3億円**払っている。それを交渉し、**0・1%減っただけでも、1000万円の注文連動費の削減**になる。

このように様々なコスト削減策を考え、**年間1〜3億円のコスト削減アイデア**が出る。

■「コスト削減キャンペーン」の真の狙い

コスト削減キャンペーンを経験すると、社員のコスト意識が高くなる。

無駄な発注が極端に減る。

決裁者は、新しくコストをかける稟議申請が回ってきたとき、

「これに経費を使ったら、今年のコスト削減キャンペーンの議題に上がるのではないか」

とすぐ頭に浮かぶようになる。

同時に、毎年様々なコスト削減手法を経験しているので、

「この施策は、こうすることで経費をかけずにできないか」

「この施策とこの施策を同時に行うことで、半分のコストでできないか」

「この施策の費用対効果はどう考えているのか」

など、稟議のたびに、コスト削減キャンペーンレベルで判断できるようになる。

一度、コスト削減キャンペーンに本気で関わった管理職は、適切な決裁をするようになる。その姿勢により、全部署にコスト意識が伝わっていく。

このようにして徹底して無駄金を使わない組織ができるのだ。

この話を友人の経営者との情報交換や講演などでよく話す。

そして多くの経営者が自社で実施したことで絶大な効果があったことを報告してくれる。

この「コスト削減キャンペーン」は、ぜひ今すぐやってほしい。

第8章

売上1000億・利益300億円を実現する戦略

1 徹底的に無駄を排除するデジタルマーケティング戦略

■「数値化」と「ターゲティング」

これまでの話で、当社がいかに「無駄」を排除しながら経営してきたかが伝わったと思う。

これは「デジタルマーケティング」というある意味、ほとんどの事象を「数値化」しやすい業種だったからやりやすかった側面がある。

私は**社長とマーケティングの責任者を兼務**している。経営直結型のマーケティングを行い、マーケティング数字はすべて経営数字につながっている。

「数値」を見ていると「無駄」が浮き彫りになってくる。

その「無駄」を排除するために、ターゲットをセグメントし、そこに集中したマーケティング活動を行う。

最終章では、デジタルマーケティングにおいて当社がどのように無駄を排除しながら活動しているかについてお話ししたい。

■ウェブ集客を内製化する4つのメリット

マーケティングとは、顧客や社会と企業の結合部分だ。

企業は顧客がいて初めて成り立つ。マーケティングが企業の根幹になるのは当然のことだ。

北海道の特産品をウェブ販売していた時代から、eコマースと広告を自前で構築してきた当社は、独自にデータ、アルゴリズム解析を積み重ねた。

商品開発を先行させるため、一時はウェブ集客を広告代理店に任せたこともあったが、それでは「他社製品との違い」を訴求することは難しい。

そこで再度ウェブ集客をインハウス化（内製化）した。つまり、自社の商品・サービスを宣伝する広告運用、広告枠のバイイングやレポーティング、クリエイティブ制作をすべて自社で行うのだ。

一般論として、インハウス化のメリットは次のように4つある。

①社内に蓄積された情報を活かし、深い視点でマーケティング施策を実施できる

商品知識やユーザー理解など、社内でしか把握できない深い情報をマーケティングに活かすことができるので、広告代理店が運用するより深い視点でマーケティング施策が実行できる。

②仕事のスピードが速くなる

広告代理店に外注する場合、施策への反応の返答待ちがあり、時間ロスが生じる。広告代理店は通常、一人が複数のクライアントを担当しているので、リアクションが遅い。インハウス化すると、社内で完結するので決裁スピードが速くなる。当社ではデイリーで広告効果を把握し、調整している。

③広告運用ノウハウを蓄積できる

広告代理店に外注する場合は、施策を考えて実行するのは代理店で、自社では代理店から提供された運用結果の情報しか見られない。対して自社で運用すれば、配信するセグメント、入札単価など、運用に必要な全要素を考え、結果を蓄積できる。

④ 広告代理店に外注する際の手数料を削減できる

広告出稿金額の20～30％程度が削減できる。

AIを核にしたデジタルマーケティング戦略を行う場合、インハウス化のメリットを活かす意味は非常に大きい。その理由については後述（307ページ）する。

次に、一般的にインハウス化には次の3つのデメリットがあるとされている。

① 広告メディアとのやり取り業務が煩雑になる

② 人材確保が必要になる

③ マーケティング施策に関する新しい情報を得るのが難しくなる

一長一短ではあるので、インハウス化もしながら、外注も使う両建てがお勧めだが、当社の場合、前述のようにウェブ、マーケティング、クリエイティブのスキルを長年蓄積してきた。

スキルを持った社員が多数在籍しているため、新しく入ったメンバーを短期間で同水準に引き上げられる。

当社の特徴は、圧倒的なデータ量と、その背後にあるメディアの持つ思想（アルゴリズム）、ユーザー状況まで思考を結びつける分析力にある。

当社のデータサイエンスマーケッターは、一般的な行動心理と実際のユーザーが取る動きが異なる事実や、深い洞察の末に立てた仮説を立証しながら、その共通項や法則性を見出し、ノウハウをシステム化していく。

これによって、顧客特性などの細かい分析が可能となり、いつ、どのネット媒体に広告を出せば、購買につながりやすいかわかる。これまでお話ししてきたとおり、**商品開発と効果的な広告宣伝が両輪となり、高収益を実現**したのである。

■ＡＩを活用したデジタルプロダクトマーケティング

現在のアドテクノロジーは、いかにＡＩを活用するかにかかっている。

当社のＡＩを活用したデジタルプロダクトマーケティングの大まかな流れは次のとおりだ。

①利益から逆算した「上限CPO」を設定する

前述したとおり、当社は利益から逆算して売上を考えている。利益から逆算して「上限ＣＰＯ」を設定する。

②デジタルプロダクトマーケティング戦略の立案

利益から逆算して、デジタルプロダクトマーケティング（自社製品を製造する企業がプロモーションプラン、販売促進施策を実施する）を行う。

デジタルプロダクトマーケティングの肝となるのが「**差別化戦略**」だ。

ＡＩにはそもそも差別化という概念がない。同じカテゴリーに属する自社商品Ａと競合商品Ｂがあった場合、きちんと差別化しないで広告を出すと、同じような人に同じように広告が表示されることになり、広告効果はほとんどなくなる。

「カーナビの渋滞理論」というものがあり、みんなが同じカーナビを使うと渋滞が起きる。

グーグルやフェイスブックなどは、世界中で同じカーナビを使っているようなものなので、きちんと差別化していないと世界中が競合になる。

③ 教師データの供給

ＡＩは画像を認識する。これは画像から特徴をつかみ、対象物を識別するパターン認識技術の一つだ。人間は画像を見れば、何が映っているかを経験から推測できる。しかし、コンピュータには最初は記憶や経験がない。突然リンゴの画像を一枚見せても、リンゴと認識できない。

画像認識では、コンピュータにデータベースから大量の画像を与え、対象物の特徴をコンピュータに自動的に学習させる。コンピュータは画像データからリンゴの特徴を学び、同じ特徴を持った画像が与えられれば、リンゴだと推測できるようになる。コンピュータは画像を表すピクセルデータに対し演算を行い、特徴量を算出する数学的方法でこれを可能にしている。

この分野はＡＩにおけるディープラーニング技術の向上により、急速に発展した。この最初に与える画像データのことを「教師データ」という。

この技術を活用するには、**人間が「どんな教師データを与えるべきか」を考えなければならない**。自社商品の特徴、誰に売るかを明確にしたうえで、ＡＩの学習環境を整えていく。

④ 広告出稿、AIによる運用

広告を運用しながら成果を計測する。CPOなどの指標を見ながら、広告出稿のコントロールを行っている。

■AIにできること、人間にできること

AI時代に考えなくてはならないのは、AIの仕事とは何か、人間の仕事とは何かを見極めることだ。

マーケッターの中には、「AIに任せれば大丈夫」と言う人がいるが、そんなことはない。

AIにできないが、人間にできることは2つある。

① 手作業……体を使って何かをすること

② 企画……新しい何かを考え出すこと

グーグルやフェイスブックに商品広告を出稿したとしよう。

グーグルやフェイスブックは適切と思われるユーザーを選び、広告を表示する。

そして広告をクリックした人、購入した人などのデータを蓄積する。

「どんな人が購入しているか」をＡＩが学習し、その後、購入しそうな人に優先的に広告を表示する。ＡＩの指示に従い、人間が手作業で広告を出稿する。これが現在の大きな流れで、「ＡＩに任せれば大丈夫」という発言につながる。

しかし、それでは利益につながる広告は打てない。

ＡＩは「ＡとＢのどちらがいいか」はわかるが、「なぜＡがいいか」「なぜＢが悪いか」はわからない。まして「Ａ、ＢよりもＣのほうがいいのではないか」とは考えもしない。

だから**企画**（**クリエイティブ**）が重要だ。

とりわけ**差別化戦略**を図る必要がある。

「ＡＩに任せれば大丈夫」と考えると、次のようなことが起こる。

「チーズケーキ」を売る広告を「20代女性」に配信しようとしたのに、甘いものが苦手な「20代女性」にも配信されてしまう。一方でチーズケーキが好きな40代男性はその広告に触れる機会すらない。

ＡＩのアルゴリズムを理解し、商品をターゲットにマッチングさせる戦略を立てる。これは人間の経験値がまさる領域だ。

具体的に言えば、ＡＩの学習環境を整える。学習は確率論から成り立っているため、スタートダッシュのコンバージョンが間違えていた場合、その要件が継続されてしまう。

お茶飲料AとBがあった場合、「Aが好きな人」「Bが好きな人」と学習させずに、「お茶飲料が好きな人」と学習させてしまうと、AもBも同じ広告の動きをするので差別化が図れないのだ。

■ターゲットにピンポイントで訴求する方法

私たちが自分たちで広告を運用するきっかけはそこにあった。

広告代理店の担当者は複数のクライアントを扱っているので、一つの商品に深入りできない。

商品の本質はメーカーのほうがわかっている。AIが広告の重要な部分を担うようになり、自分たちは本質的な差別化の部分を行うべきだと考えた。

AIが学習し、広告表示するプロセスは次のとおりだ。

①この商品はどんなものかを認識する

②どんな人が買うかを学習する

③ その人を探して広告を表示する

このとき、AIは最初の20人くらいで概略を決める。この20人をどんな人にするかによってその後の動きは大きく変わる。**写真3**を見てほしい。

この商品を何ととらえるか。

A、この商品を「**スイーツ**」ととらえ、「とてもおいしいスイーツです」という広告を打つ。

それによって最初にマッチングした20人が「スイーツ好きな人」になると、グーグルやフェイスブックは「この商品はスイーツ好きな人が買う」と認識し、スイーツが好きな人に優先的に配信する。

この場合、スイーツ好きではない人には配信されない。一見効率的に見えるが、一方で、どら焼きやザッハトルテなど、広い意味でスイーツ好きな人にも配信されてしまう。すると、この商品はどら焼きやザッハトルテと競合し、無駄が生じる。

B、この商品を「**チーズケーキ**」ととらえ、「とてもおいしいチーズケーキです」という広告を打つ。

最初にマッチングした20人が「チーズケーキ好きな人」になると、グーグルやフェイスブックは「この商品はチーズケーキ好きの人が買う」と認識し、優先的に配信す

写真3 | この商品は一体何か

る。どら焼きやザッハトルテ好きには配信されなくなる。

C、この商品を「**レアチーズケーキ**」ととらえ、「とてもおいしいレアチーズケーキです」という広告を打つ。

マッチングした20人が「レアチーズケーキ好きな人」になり、グーグルやフェイスブックは「レアチーズケーキ好きな人」に優先的に配信する。こうすると、同じチーズケーキでもベイクドチーズケーキ好きな人には配信されなくなる。

D、この商品を「**ゴルゴンゾーラレアチーズケーキ**」ととらえ、「とてもおいしいゴルゴンゾーラレアチーズケーキです」という広告を打つ。マッチングした20人が「ゴルゴンゾーラレアチーズケーキ好きな人」になる。

これはケーキ好きな人というより、ゴルゴンゾーラチーズ好きな人がターゲットで、チーズのサイトをよく見ている人がターゲットとグーグルやフェイスブックは学習する。

このように**最初に「この商品は一体何か」を人間が考える必要**がある。

商品の特徴を見極め、最初の20人を設定し、機械に学習してもらう。

それがうまくいけば、効率的な広告が打てる。ＡＩのアルゴリズムを理解してアドテクノロジーを活用すれば、**ターゲットにピンポイントで訴求**できるのだ。

■サイコグラフィックデータで「購買理由」がまるわかり

多くのマーケッターは、デモグラフィック属性でターゲット設定をしている。

一方、当社は**サイコグラフィック属性でターゲット設定**をしている。

◎デモグラフィックデータ……お客様の性別、年齢、収入、独身／既婚など定量的データに基づいた変数

◎サイコグラフィックデータ……お客様のライフスタイル、趣味、嗜好、価値観など内面を表す変数

図表44を見てほしい。

デモグラフィックデータは定量的データに基づいた変数であるのに対し、サイコグラフィックデータは消費者の**内面を表す変数**であるのが両者の大きな違い。別言すれば、**「誰が」買うのかを表すのがデモグラフィックデータ、「なぜ」買うのかを表すの**

ターゲット設定

デモグラフィックデータ

性別:女性
40~60歳
既婚、子どもあり
世帯年収500万円以上
○×地域に在住

サイコグラフィックデータ

- 体調や見た目に不安を感じている
- 健康的なライフスタイルを実践したいが、時間があまりない
- インターネットを夜に楽しんでいる
- 経済性より質の高さを重視している
- 仕事と家庭に喜びを見出す
- 少人数の友達との時間を大切にしている

がサイコグラフィックデータだ。

人間の消費行動を想像し、仮説を立てながらやっていく。

たとえば、スマホに広告を出したとする。時間帯によって購入される率が違う。昼12時から午後1時は、クリック後に購入まで至る率が高く、それ以外は高くない。なぜか。

スマホは日常的に見ているが、昼休みの時間はクリック後の飛び先のページをじっくり読めるから、気に入ったら購入する。

一方、それ以外の時間帯で電車での移動中に同じ広告を見ても、一つのページに対する集中力は薄いので、購入までには至らない。

このように**購買理由を考える**ことが重要だ。つまり、分布図を見て、購入率が高いところに集中させればいいとAI任せにするのではなく、「**なぜこの時間帯に購入率が高い（低い）のか**」を考えるべきだ。

理由を考える力は、日常業務をやりながら経験を磨くしかない。

あとは、**恥ずかしがらずに人に聞く**ことだ。

人間行動が数値化されているので、「こんな動きがあるけれど、なぜだと思う」と聞くと、ターゲットの人は即答できる。

有名な話だが、アメリカのスーパーでおむつとビールを一緒に買う人が多いというデータが出た。理由を考えてもわからなかったが、レジの人に聞いたら一発でわかった。週末に夫婦で車できて、重いものをまとめ買いする。ビールとおむつに関連性があるわけではなく、**「重いもの」**という属性だった。

よってそのスーパーでは、土日にはビール、おむつ、ミネラルウォーター、トイレットペーパー、お米など、**まとめ買いするものを集めたコーナー**をつくり、売上を増大させた。当事者や現場の人はすぐにわかるので、どんどん聞いてみよう。

■三方よしの「ハッピートライアングル」を目指そう

これまで「利益」を意識した経営、マーケティングについてお話ししてきた。では、一社一社が利益を意識したデジタルマーケティングをやるとどうなるか。

まず無駄な広告をやめるようになる。

広告は限られた広告枠がオークション制で販売されているから、無駄な広告を出す会社が減ると、オークション価格が下がる。すると広告費全体の相場が下がる。無駄な広告をやめた段階で利益が出始め、さらに広告費の相場が下がれば、それに応じて利益がさらに増えるのだ。

事業者（広告主）の立場で言えば、利益率が向上するだけでなく、多くの会社がやり始めれば、業界全体の利益率が上がってくる。

一方、ネットユーザーの立場で考えると、無意味な広告が減る。

採算の合わない広告は、ユーザーから価値を認められない。意味のない広告が減ることで、ユーザーの使い勝手がよくなる。そうなると、ユーザーの視聴時間が長くなり、メディアの販売広告枠が増え、売上が上がる。

事業主（広告主）が利益を意識したデジタルマーケティングをやり始めると、同業者全員、ユーザー、メディア三方よしで利益が出る。これを**ハッピートライアングル**という。

私は同業者にも講演をしている。ある意味ライバルではあるが、一社一社が売上よりも利益を意識し始めると、当社にも同業者にもいいことがある。

同業者が無駄な広告を出すのをやめると、同業者も利益が上がるし、広告費の相場が下がるから、当社にとってもメリットがあるのだ。

2

日本を代表する次世代のグローバルメーカーとなる

■D to Cの代表格として世界ブランドに

当社は「びっくりするほどよい商品をつくる」「ブームに乗らない方針」「世界最高峰のネットマーケティング集団」として**株価上昇率日本一（2017年株価上昇率1164％：株価125円→1455円）の超効率経営**を目指してきた。

今後、当社がビジョンとして掲げるのが、日本を代表する次世代グローバルメーカーになることだ。

消費財のグローバルメーカーというと、ネスレ、P&G、ジョンソン・エンド・ジヨンソン、ユニリーバ、ケロッグ、ゼネラル・ミルズ、ペプシコ、コカ・コーラなどがある。こうしたグローバルメーカーに名を連ねたい。

これまでのグローバルメーカーは、リアル店舗を通じた流通で成り立っている。

しかし、これからはD to Cによるグローバルメーカーができてもおかしくない。世界中でそういったことが可能な世の中になっている。私たちがD to Cの代表格としてグローバルメーカーになっていきたい。

現在は「北の快適工房」というブランドだが、これを世界展開するのではなく、対象国別にブランドを立ち上げる。

当社の強みは、**お客様の悩みを解決する商品を開発してダイレクトに販売**すること。

現在は日本人を対象に商品開発をしている。

それをそのままアメリカに持っていって売るより、アメリカ人の悩みに合わせて商品開発するほうがいい。マーケットに対して商品をつくり、日本からネットで売るのがビジネスモデルの根幹だ。

■アメリカのアマゾンで日本発の商品を売る

では、お客様の悩みはどう抽出するか。

社内会議で様々な悩みが挙がると、それを解決する商品があるかを調べる。

「ヤフー知恵袋」などネット上の悩み相談サイトを見ると、既存商品で解決されている場合と、そうでない場合がある。

同時に、その悩みがどれくらいキーワード検索されているかも調べる。

悩みを「需要」と考えたときに、それに対する供給量がどれくらいあるかを観察して、空きがあれば商品開発を検討する。このやり方は海外マーケットに進出する場合も変わらないだろう。

私たちが明確に区切っているのは「ネット上で」という部分だ。

アメリカの実生活になじむのではなく、アメリカ人の悩みを解決する商品がネット上で売れるかどうかを見ている。逆に言えば、基本的にネット上でしか調べない。

たとえば、アメリカのアマゾンで商品を販売するとしよう。

この場合、現地のアマゾンでどんなものが売れていて、売れているものに対してどんなコメントがついているかを日本で調べる。

アメリカのアマゾンで売れるには、アメリカのアマゾンを徹底的に調べるのがベストだ。現地に行って生活者にヒアリングするよりも彼らのネット上での行動を調べるほうが重要だ。ネット上のアマゾンこそが、商品購買のリアルな場所だからだ。

■リアルとネットのマーケティング調査法

生活者に対するリアルなマーケティング調査をやった場合と、アマゾン上で調べる場合とで、必要とされている商品は異なる。

たとえば、北海道の特産品を売る場合、新千歳空港で売れる商品とネットで売れる商品はまったく違う。

新千歳空港でお客様が商品を買うときはどんな状態か。

北海道旅行の帰りで結構テンションが高い。「北海道、楽しかったなあ。思い出に何か買おう」という場合、「北海道らしさ」は重要だ。

一方、ネットで買うときはどんな心理状態か。

旅行に行っていたわけではないので、テンションはそんなに高くない。新千歳空港ではついカニを衝動買いしてしまうが、ネットでは十分に比較検討する。

タラバガニとズワイガニと毛ガニではどれがいいか。さらに松葉ガニと越前ガニと上海ガニと比べたらどうかなど、北海道の特産品を買おうと思っていたはずが、他の地域の特産品にも欲が出てくる。つまり、品質や価格を冷静に比較検討したうえで買う。これはある意味シビアだ。リアルでの販売とは異なり、ネット販売は、「**比較検討されたうえで本当に売れるかどうか**」が重要だ。

その点、ネット販売の場合、取扱説明書をじっくり読んでもらえる。

たとえば、当社の健康食品の競合商品はドラッグストアで売られている。ドラッグストアでは、有名メーカーのブランド商品が大きく展開されている。ブランド買いなのでほとんど説明書を読まずに買っていく。

一方、ネット販売の場合、商品の隅々まで文章で説明できる。品質に自信があれば、しっかり説明を書いておけばいい。

現在は日本を中心にやっているが、これからはＧＡＦＡ（グーグル、アマゾン、フェイスブック、アップル）のプラットフォームを通じて世界に展開していく。

現在、ネットで広告を出す際も、広告メディアはたくさんあるが、海外展開しているプラットフォームを活用してノウハウを蓄積している。

■企業の成長段階に応じた利益戦略

現在は一商品で売上50億～１００億円のマスマーケット商品の開発にチャレンジしている。売上１０００億円の会社を目指すには、ニッチ商品を積み上げるより、マス商品を複数リリースするほうがいい。競合は増えるが、明確にすぐれた点を持つ商品にすれば、利益率は維持できる。

売上１００億円未満と１００億円以上では事業に関する考え方がまったく違う。

第４章で触れたように、売上１００億円までは**ニッチトップ戦略**でやってきた。大手が参入するには小さすぎるマーケット、かつ中小では絶対にマネできない品質で参入した。大きなマーケットは競合が多く、売上１００億円にするにはコストがかかる。

小さなマーケットは競合が少なく、売上10億、20億円程度にしかのびないが、競争コストがかからないので、利益率が高い。これにより売上１００億円、利益29億円を達成した。

だが、この方法で１０００億円まで売上をのばすのは難しい。

次は一つの商品で100億円の売上が狙えるマーケットに参入する。シャンプー、ハンドクリーム、オールインワンゲル（スキンケアに必要な機能がすべて詰まったゲル）など大きなマーケットがある。これまではニッチマーケットをほぼ取ってきたが、今後は大きなマーケットの一部分を獲得する戦略を併用する。

ターゲットは、第5章で触れた「イノベーター理論」のイノベーター（革新者）2・5％とアーリーアダプター（初期採用者）13・5％を合わせた**16％**だ。

ここは比較的安いコストで獲得できる。数千億円市場ではトップシェアにならなくても、高い利益率が維持できる。たとえば、シャンプー市場が1000億円あるとしたら、160億円のイノベーターとアーリーアダプターマーケットがある。これを複数つくり、売上1000億円を目指す。

もちろん、品質はこれまでどおり大前提になる。ヒットはイノベーターやアーリーアダプターから始まるが、対象物に対して造詣が深い両者に「着目」してもらうには、この両者を唸《うな》らせる商品をつくらなければ始まらない。

■人生を変えた「NTTのテレホンカード」事件

私がマーケティングに最初に興味を持ったのは、高校生のときだった。父親が買ってきたビジネス誌をたまたま読んだ。そこに**「テレホンカード」の収益性を高めるための「仕掛け」**が書いてあったのだ。

当時、公衆電話は3分10円で硬貨しか使えなかった。長時間使うには、硬貨をジャラジャラ用意しなければならなかった。そんな中、NTT（当時は日本電信電話公社=電電公社）が1枚500円程度のプリペイドカードを販売し、公衆電話の挿入口に入れれば通話できるようになった。これにより、ユーザーは劇的に便利になった。

しかし、NTTにとっては同じ500円の通話売上でも、

硬貨の場合：原価=回線使用コスト

カードの場合：原価=回線使用コスト+カード原価→利益減

となる。そこでNTTは**「カードを買っても使われなければ、回線使用コストはかからない。収益性が増す」という逆転の発想**でアイデアを練った。

それが**「テレホンカードをコレクション対象にさせる戦略」**だったのである。

そのための仕掛けとして、最初は、グレーで無機質のデザイン性の乏しいテレホンカードをリリースした。

それでも硬貨に比べると便利なので大ヒット。多くの人たちは「使う」ために買っ

た。

そして、それが浸透した頃、**満を持して、芸術家、岡本太郎氏のデザインした4種類のカード**を発売した。これも大ヒットした。

このとき、人々は「使う」ためではなく「**コレクション**」のために買った。

その後はアイドルのプロマイドのような「**使うのではなく集めたくなる**」カードを発売し続けた。感覚値ではあるが、世の中に出回ったテレホンカードの2～3割は眠ったままではないか。それはすべてＮＴＴの「**回線使用コストという原価のかからない売上**」となった。

私はこの記事に衝撃を受けた。

自分の手元にあるこのアイドルタレントのテレホンカードは、ＮＴＴの仕掛けによって自分の手元に使われないままあるのだと知った。高校生ながら、「**世の中は仕掛けで成り立っている**」と知った瞬間だった。

そこからは、見るものすべて「どんな仕掛けでこうなったのか」と思うようになった。**仕掛けが見えると世の中が変わって見える。**

そして、世の中が俄然面白くなる！

あのときから、世の中は**とても楽しいワンダーランド**に見えるようになった。

ヒットを生み出すには、

①商品、作品等の対象物に対して造詣が深い

②消費者に対する畏敬の念を持っている

③世の中の「仕掛け」に精通している

この3つの要素を持ったプロデューサーになる必要がある。

今の私がこの3つをどれだけ兼ね備えられているかわからないが、少なくともこの3つの要素をこれからも磨き続けたいと思っている。

■5段階利益管理の項目と施策を連動させる

今後も様々なマーケティングの施策を打っていくが、成否は常に数値で判断する。そのスタンスはこれまでも、これからも変わらない。重要数値は2つある。

◎ＫＰＩ（重要業績評価指標：目標の達成度合を計測するための指標）

◎ＫＧＩ（重要目標達成指数：最終目標が達成されているかを計測するための指数）

適切なＫＰＩを設定して計測していくには、どんな数値をどうやって取得し、どう分析していくかを突き詰めていかなければならない。すると計測システム開発の工程にたどり着く。

最終的に適切なＫＧＩを設定するには、**「営業利益」**を増やす設計になる。

営業利益を突き詰めれば、マーケティングコストだけでなく、**連動する販管費や人件費までも計算して最も費用対効果の高い施策**をすべきだという**「経営管理」の工程**にたどり着く。

本書では、５段階利益管理を掲げ、それらの項目と施策を連動させながら考えてきた。

今後も利益に有効に作用する施策を行っていく。

そして企業規模が大きくなれば、責任もそれだけ重くなる。

利益を上げ、「無収入寿命」をのばし、永続的な企業をつくっていこうと思う。

おわりに

最後までお読みいただきありがとうございました。

高い利益率は社長一人で成し遂げられるものではない。

社員が利益について正しく理解し、行動してくれた賜物だ。

そのために私は、新卒社員や中途入社組には、第2章で触れた「利益は何のためにあるのか」という研修をしてきた。その後は、日々の業務を、利益を念頭に置きながら取り組んでいる。

5段階利益管理を行いながら、利益につながらない仕事は潔《いさぎよ》くやめ、日々改善する。

すると利益につながる仕事だけが残っていく。

売上重視の施策を考える社員がいると、「それは利益につながるのか」と問いかける。

無駄な投資をしそうな社員がいたら、「それはいつ、いくらになって戻ってくるのか」と問いかける。

コスト削減で重視するのが時間だ。

時間を無駄に使うのは、無駄に人件費を使うことになる。

5段階利益管理では「ABC」がこれに当たる。

よく社員に話すことだが、なぜ社長はタクシーで移動するのか。

社長は偉いからタクシーで移動するわけではない。

当社は1か月で約2億円の利益を出している。社長は月2億円の利益を出すための司令塔の役割をしている。つまり営業時間の10分間に換算すると約20万円の利益を出すので、その10分間を有効に活用するには、電車よりタクシーのほうがいい。タクシーに乗って時間を有効活用したほうが利益は出る。

一方で、飛行機の場合は、ファーストクラスでもエコノミーでも時間は変わらないのでエコノミーに乗る。

時間とお金の話は、ことあるごとに社員にする。

たとえば、私との約束に10分遅刻した社員には、

「今あなたは会社の利益20万円を無駄に使いましたよ」

と言う。制作物のチェックを依頼され、ケアレスミスなどの文字訂正などに10分程度の時間を使ってしまったら、

「今20万円のコストを使って文字を修正したことになるんですよ」

と言う。普段から人件費や機会損失を金額に置き換えて話しているのだ。


当社のクレドの中に「ピッと思ったらパッとやる」がある。

この「ピッパの法則」に気づいたのは、リクルートに勤めているときだ。

営業で何人もの中小企業の社長と話をして、生意気ながら「そんなにすごい人はいないなあ」と思っていた。対等に話ができていると思っていた。

だが、「ちょっと待てよ」と思った。

「この社長たちはみんな成功しているのに、自分は一介のサラリーマンにすぎない。この差は何か」

あるとき気づいた。

社長に「こんなことをやったら面白いですよね」と話すと、次に会ったときはすでに実行しているのだ。そして、「これはよかったけど、これはダメだった」と言う。

自分は口先ばかりで実践していない。社長はこんなに忙しいのにすぐ実践している。

私はなぜできるのかと尋ねてみた。

「ピッと思ったらパッとやるからだ。君と話をしていて、こんなことをやったら面白いと感じる。君が帰った瞬間にやる。ピッと思ったらパッとやる癖をつけていくとキャパシティが増える」

それからは、ピッと思ったらパッとやる癖をつけた。

すると、仕事のキャパシティは4、5倍になった。

「ピッパの法則」は社内研修でも行う。

やるべきことが起きたとき、「できることは今すぐやる」「すぐできないことは、いつやるかを今すぐ決める」を習慣にする。

この習慣をつけると、誰でも仕事をこなす量が3、4倍になる。

当社が高収益になった秘密はこれですべてお話しした。出し惜しみは一切ない。

あとは、あなたが「ピッパの法則」で実践に移すだけである。

［著者］
木下勝寿（Katsuhisa Kinoshita）
株式会社北の達人コーポレーション代表取締役社長
1968年、神戸生まれ。株式会社リクルート勤務後、2000年に北海道特産品販売サイト「北海道・しーおー・じぇいぴー」を立ち上げる。2002年、株式会社北海道・シーオー・ジェイピーを設立（2009年に株式会社北の達人コーポレーションに商号変更）。2012年札幌証券取引所新興市場「アンビシャス」、2013年札幌証券取引所本則市場（通常市場）、2014年東京証券取引所の市場第二部（東証二部）、2015年東証一部（現：東証プライム）と史上初の４年連続上場。2017年、時価総額1000億円。2019年、「市場が評価した経営者ランキング」第１位（東洋経済オンライン）。日本政府より紺綬褒章７回受章。
「びっくりするほどよい商品ができたときにしか発売しない」という高品質の健康食品・化粧品で絶対に利益が出る通販モデルを確立。「北の快適工房」ブランドで、機能性表示食品「カイテキオリゴ」やギネス世界記録認定・世界売上No.1となった化粧品「ディープパッチシリーズ」などヒットを連発。売上の７割が定期購入で18年連続増収。ここ５年で売上５倍、経常利益７倍。利益率29％は、上場しているおもなEC企業平均の12倍の利益率。株価上昇率日本一（2017年、1164％）、社長在任期間中の株価上昇率ランキング日本一（2020年、113.7倍、在任期間8.4年）。日本経営合理化協会セミナー「『北の達人』他社を突き放す５つの戦略」は参加費４万円超ながら327人が受講。
本書が初の著書。本書で「2021年 スタートアップ・ベンチャー業界人が選ぶビジネス書大賞」受賞。著書に『ファンダメンタルズ×テクニカル マーケティング』（実業之日本社）、『時間最短化、成果最大化の法則』『チームX』（以上ダイヤモンド社）がある。
【株式会社北の達人コーポレーションHP】
https://www.kitanotatsujin.com/
【ツイッターで最新情報配信中】
https://twitter.com/kinoppirx78

売上最小化、利益最大化の法則
——利益率29%経営の秘密

2021年6月15日　第1刷発行
2024年5月16日　第11刷発行

著　者———木下勝寿
発行所———ダイヤモンド社
〒150-8409　東京都渋谷区神宮前6-12-17
https://www.diamond.co.jp/
電話／03･5778･7233（編集）　03･5778･7240（販売）

装丁————山影麻奈
編集協力———橋本淳司
本文フォーマット—布施育哉
本文図版———渡邉和美
校正————加藤義廣、宮川咲
DTP・製作進行—ダイヤモンド・グラフィック社
印刷・製本———勇進印刷
編集担当———寺田庸二

ISBN 978-4-478-11312-7